AF315246

LETTRES TURQUES.

LETTRE PREMIERE.

Rosalie à Fatime, au Serrail de Bostangi Bachi.

E suis en France, ma chere Sœur ; nous arrivâmes, il y a six jours, à Marseille. Quand je vis la terre, juge de mes transports & de ma joie par l'inquiétude

I. Partie A

cruelle où j'avois été pendant tout le trajet. Je craignois sans cesse que le vent ne vint à changer, & ne nous rejettât sur les côtes que nous quittions ; je craignois que quelque Vaisseau Turc ne nous poursuivît, & ne m'arrachât mon cher *Mazaro*. Si ce malheur nous fût arrivé, tu sçais dans quels supplices il eut perdu une vie à laquelle la mienne est attachée. Le jour, aux moindres cris de l'Equipage, j'étois dans les plus vives allarmes, & la nuit je ne faisois que des songes effrayans ; mais enfin nous voici au port, & nos cœurs s'y livrent à cette satisfaction si délicieuse de deux tendres Amans, échappés aux dangers, & à qui l'amour & la

fortune semblent assurer déformais un bonheur pur & tranquille.

J'ai eu la visite des premie-
res Dames de la Ville ; j'ai
mangé chez elles, car on mange les uns chez les autres dans
ce pays-ci. On voit à la même
table des hommes & des femmes qui ne font point mariés
ensemble ; un mari même évite
de se trouver dans les maisons
où va sa femme ; & l'on diroit
au soin qu'il prend de ne point
paroître avec elle pendant le
jour , qu'on est convenu dans
la société que c'est le tems des
Amans ; je te parle des gens
de qualité , car j'ai cru remarquer que le Négociant , le
Bourgeois parle à la sienne
publiquement , se promene

avec elle tête levée , & même lui donne le bras.

J'ai exigé de *Mazaro* que nous laifferions ignorer pendant quelque tems * que je fçais le Francois ; cela me met dans le cas de n'être point obligée de parler ; j'entends, j'écoute , je regarde , j'obferve, j'examine tout ; quand je ferai un peu plus au fait des mœurs, des ufages , & fur-tout de la *politeffe* de cette nation-ci, car j'y entends faus ceffe répéter ce mot, alors je pourrai me mêler comme une autre à la converfation ; mais Dieu me garde

* La mere de Fatime & de Rofalide étoit de Toulon ; elle avoit appris le François à fes deux filles , & avoit taché de les élever dans fa Religion ; fes foins réuflirent à l'égard de Rofalide qui étoit la cadette ; il y avoit quatre ans qu'elle avoit perdu fa mere lorfqu'elle paffa en France.

d'assassiner jamais les gens de mon babil, comme font quelques femmes, & sour-tout certains petites hommes, vêtus de noir, que j'ai eu le malheur de rencontrer dans presque toutes les maisons où l'on m'a menée; croirois-tu, ma chere sœur, qu'ils sont flatés qu'on leur dise qu'ils sont vifs, étourdis, femillans, de vrais papillons? La sotte espece!

Je pars après demain pour Paris, d'où je t'écrirai; je t'envoie la copie d'une Lettre de *Mazaro* à un de ses parens; je ne doute point du plaisir que tu auras à la lire, par la part qu'a dans ce recit une sœur qui t'aime & qui t'aimera toute sa vie bien tendrement en quelque païs du monde qu'elle soit. Adieu, ma chere Fatime.

A iij

LETTRE

Du Comte Mazaro au Marquis Piniani, à Venise

TU fçais, mon cher Coufin, qu'une malheureufe affaire d'honneur m'obligea de quitter ma patrie; le vaiffeau où je m'embarquai pour paffer en Sicile fut attaqué par un Corfaire de Smirne; je ne te ferai point l'inutile relation de notre combat; il s'en falloit de beaucoup que nous ne fuffions à forces égales; nous fûmes pris, mis aux fers, conduits & vendus à Conftantinople. Le chef des efclaves du grand Vifir *Huffem* m'achetta & m'employa à la culture des jardins.

Il y avoit près de trois mois que j'y gemiſſois dans le plus rude eſclavage, lorſqu'un jour le Viſir s'approcha de l'endroit où je travaillois. Après m'avoir conſideré aſſez longtems avec beaucoup d'attention, il me fit pluſieurs queſtions ſur ma naiſ-fance & ſur mon païs ; je ne cherchai point à lui déguiſer la vérité ; il me parut touché de l'aviliſſement où me reduiſoit la fortune ; il ordonna qu'on me traitât avec douceur , & depuis, il ne ſe promenoit ja-mais qu'il ne m'appellât pour s'entretenir quelques momens avec moi.

L'heure où il avoit coutume de paroître étoit déja paſſée ,

quand je le vis un soir arriver
avec une jeune perfonne au-
devant de qui je puis dire que
mon cœur vola. A chaque pas
qu'elle faifoit , je le fentois
treffaillir ; oui , j'aimois déja
quoique je ne puffe pas encore bien diftinguer les charmes que j'allois adorer. Elle approcha, & le Vifir s'arrêta pour
me parler ; mais immobile &
fans lui répondre , j'étois dans
cet étonnement où le cœur
enchanté croit que les yeux ne
lui portent pas encore affez
tout le plaifir qu'il devroit gou-
ter ; il fourit de mon défordre
en regardant fa fille , car c'étoit
elle ; elle rougit, & s'appuyant
fur fon bras le fit tourner dans
une autre allée.

Je paffai le refte du foir &

toute la nuit dans un trouble & une agitation qui ne me permirent pas de fermer l'œil ; l'adorable fille d'Huffem fut fans ceffe préfente à ma penfée ; je me fentois entraîné par un penchant plus fort mille fois que toutes les reflexions, & auquel j'aurois voulu vainement réfifter. Dès qu'il fut jour, je me rendis au jardin ; j'allai me mettre fur un banc où elle s'étoit affife la veille ; je regardois tous les endroits où elle avoit paffé. Que devins-je ! Non, il n'eft pas poffible d'exprimer ce que je reffentis lorfqu'une de fes Efclaves, m'arrachant à ma réverie, vint me dire de fa part de lui porter des fleurs. Avec quel empreffement j'allai les cueillir ! Avec quelle émotion je les portai ! Qu'alors l'emploi où l'esclavage m'attachoit me parut brillant, & que l'amour pare avantageusement tout ce qui l'approche de son objet ! Elle étoit encore au lit, elle en sortit ses beaux bras pour assembler ces fleurs & dans le mouvement qu'elle fit, il me sembla que j'en voyois sortir toutes les graces, les amours, tous les charmes de la nature. Son pere lui avoit dit que je jouois de plusieurs instrumens, elle me marqua qu'elle souhaitoit de m'entendre ; je m'approchai d'un claveßin ; après avoir préludé par quelques airs Italiens, je chantai, en m'accompagnant, des paroles qui avoient beaucoup de rapport à ma situation ; il me parut qu'elle m'écoutoit avec une certaine attention que le plaisir seul de l'oreille ne fixoit pas. Que te dirai-je, mon cher Cousin? ces précieux instans furent suivis de mille autres ; il ne se passoit plus de jour que je ne la visse, & que je ne restasse deux ou trois heures avec elle ; mais malgré tout l'amour dont je brulois, timide, confus, toujours embarrassé en lui parlant, je n'aurois jamais osé me déclarer, si le hazard ne m'eut favorisé d'un interprête auquel je ne m'attendois pas.

Je m'étois amusé à élever des oiseaux & à leur apprendre à repeter quelques airs ; j'en avois instruit un plus cheri que les autres à prononcer *je vous aime* ; un matin que j'entrois chez Rosalide, il vole de dessus mon épaule à son cou , & en lui becquetant l'oreille, il lui dit , *je vous aime.* Ah! qu'il est joli , s'écria-t-elle , en le baisant ; mon fidelle écolier lui souffle encore dans la bouche, *je vous aime* ; & chaque caresse qu'elle continua de lui faire , il répéta sa leçon à merveille. Mais ne sçait-il que cela me demanda-t-elle ? Il attend, lui dis-je , votre réponse ; il l'a sçait déja , me répondit-elle, appellez-le, il vous la dira. J'allois me jetter à ses genoux, lorsque son pere entra ; il fallut me retirer sans pouvoir lui exprimer que par mes regards tout le ravissement dont mon

coup de rapport à ma situation ; il me parut qu'elle m'é-
coutoit avec une certaine attention que le plaisir seul de
l'oreille ne fixoit pas. Que
te dirai-je, mon cher Cousin ?
ces précieux instans furent suivis de mille autres ; il ne se passoit plus de jour que je ne la
visse, & que je ne restasse deux
ou trois heures avec elle ; mais
malgré tout l'amour dont je
brulois, timide, confus, toujours embarrassé en lui parlant,
je n'aurois jamais osé me déclarer, si le hazard ne m'eut
favorisé d'un interprête auquel
je ne m'attendois pas.

Je m'étois amusé à élever
des oiseaux & à leur apprendre
à repeter quelques airs ; j'en
avois instruit un plus cheri que

» parens Grecs ; je fus amené à
» Conſtantinople eſclave com-
» me tu l'es ; mon activité,
» mon zéle , & peut-être
» quelques agrémens dans ma
» figure , me firent remarquer
» de la Sultane - mere ; elle
» m'employa dans différentes
» affaires où j'eus le bonheur
» de réuſſir. Lorſque ſon fils
» fut en âge de gouverner par
» lui-même , elle lui parla de
» moi ſi avantageuſement qu'il
» me prit à ſon ſervice. Je fus
» d'abord Capigi - Bachi ; en-
» ſuite élevé à la dignité de Ba-
» cha d'Alep , & quelques an-
» nées après à celle de Gou-
» verneur général de la Méſo-
» potamie. * Le Sophi s'étoit
» emparé d'une partie de cette

* Le Diarbeck.

cœur étoit comblé.

J'efperois qu'elle viendroit le foir aux jardins ; j'attendis la fin du jour avec une impatience égale à mon amour ; je ne pouvois ni rêver, ni me diftraire ; je me promenois, je m'affeyois, je voulois quelquefois me mettre au travail, & dans l'inftant je le quittois ; on eut dit que je croyois qu'à force de changer de place, je ferois avancer le moment que je defirois. Enfin la nuit approchoit, mais je ne vis venir que le Vifir : il avoit l'air fombre & abbatu ; il me fit figne de le fuivre dans une allée couverte, & lorfque nous y fûmes, il me parla à peu près dans ces termes.

» Je fuis né à Salonique de

» des Sujets ; mais que n'in-
» vente pas l'envie contre ceux
» qu'elle veut perdre ! Je m'a
» perçois depuis quelque tems
» que ma faveur diminue , &
» que mes ennemis sont prêts à
» triompher. Pour prévenir le
» coup qui me menace, je veux
» fuir chez les Chrétiens. Je
» n'ai que deux filles ; l'aînée
» est mariée au Bostangi-Bachi ;
» tu connois la cadette , tu l'ai-
» mes, tu lui as plû ; sa mere
» qui étoit Françoise l'a élevée
» dans ta Religion ; je vous uni-
» rai l'un à l'autre dans un païs
» de liberté. Tache de t'assurer
» d'un Vaisseau ; je ne te dis rien
» sur les précautions que tu dois
» prendre ; je me repose abso-
» lument de tout sur ton ami-
» tié , tes soins & ta prudence».

En

» province , & fe flatoit d'en
» achever la conquête dans la
» prochaine campagne. En
» moins de quatre mois, non-
» feulement je lui enlevai ce
» qu'il avoit pris , mais je le
» reduifis à deffendre fes pro-
» pres frontieres , & bientôt à
» demander la paix ; nous n'en
» avons jamais fait une plus glo-
» rieufe avec la Perfe. Dès
» qu'elle fut conclue , le Sul-
» tan pour récompenfer mes
» fervices, & je pourrois même
» dire , pour fatisfaire à la voix
» publique , me rapella auprès
» de lui, & me confia le fceau
» de l'Empire. Depuis près de
» fept années que je fuis Vifir,
» le ciel m'eft témoin que je
» n'ai jamais eu en vûe que la
» gloire du Maître & le bonheur

qui dépendoit de lui pour me
tirer de l'esclavage. Je ne ba-
lançai point à lui conter mon
avanture ; après qu'il l'eut
écoutée, il m'assura de nouveau
que je pouvois disposer de tout
ce qui lui appartenoit ; que son
Vaisseau étoit au port ; qu'en
cinq jours au plus tard il seroit
en état de mettre à la voile,
& qu'il prendroit des mesures
si justes qu'il esperoit que nous
n'aurions pas de risques à courir. Le Visir à qui j'allai rendre
compte d'un si heureux com-
mencement, m'ouvrit ses tré-
sors, & en différens voyages,
j'avois déja porté secrettement
au Vaisseau plus de quatre mil-
lions en or & en pierreries,
nous devions nous embarquer
la nuit du surlendemain, lors-

En achevant ces mots, il voulut m'embraſſer ; je me préci-
pitai à ſes genoux , & tachai de
lui exprimer tout l'attachement , toute la tendreſſe , &
la reconnoiſſance dont mon
cœur étoit pénétré.

Le lendemain j'allai au port;
la fortune qui ſembloit ne m'a-
voir jetté dans les fers que pour
me conduire au comble du
bonheur , me fit rencontrer en
y arrivant , un des hommes du
monde en qui je pouvois avoir
le plus de confiance ; c'étoit
un riche négociant de Marſeil-
le , qui faiſoit un gros commerce à Veniſe & que j'avois vû
ſouvent chez mon pere. A peine m'eut-il reconnu, que me
ferrant dans ſes bras , les larmes
aux yeux , il m'offrit tout ce

vouloit me marquer où je pouvois l'aller prendre, avant la fin
de la nuit nous ferions loin de
Conftantinople. Je la vis bientôt arriver, déguifée en jeune
Armenien. Notre navigation a
été des plus heureufes : nous ar-
rivâmes hier à Marfeille. Dès
que j'y aurai fini quelques affaires, nous partirons pour Paris. Viens-nous y joindre, mon
cher Coufin ; viens-y jouir du
plaifir de voir ton ami au comble de la félicité. Je fuis, mon
cher Coufin, &c.

qu'en rentrant le foir du quatriéme jour au Palais, j'appris
que mon Maître, mon bien-
faiteur, mon pere, cet homme
fi refpectable & à qui j'avois
tant d'obligations, avoit été
prévenu par fes ennemis. J'eus
le fpectacle affreux des Muets
& des Capigis qui portoient fa
tête au Sultan.

Ma chere Rofalide fe retira
chez fa fœur ; plufieurs jours
s'écoulerent fans que j'enten-
diffe parler d'elle ; j'étois accablé de douleur, & dans les
plus vives inquiétudes : enfin
elle m'écrivit de continuer à
préparer tout pour notre dé-
part. Je lui fis réponfe que tout
étoit prêt, que je n'attendois
que fes ordres, que le vent
étoit favorable, & que fi elle

ne me marque en toute occafion ; jufqu'au petit peuple
s'empreffe & femble vouloir
faire les honneurs de la France.

La bonne humeur qui fait le
fond du caractere de cette Nation-ci , aideroit beaucoup à
me perfuader qu'elle eft naturellement bienfaifante. On rit
de tems en tems dans les autres
Pays ; ici on rit toujours : il y.
regne un ton , un air d'enjoue-
ment & de gayeté qui frappe
d'abord tout Etranger.

Mazaro convient que le François a l'ame noble & généreufe;
mais il prétend que la fureur
d'être à la mode, de briller ,
d'être cité , de paffer pour avoir
du feu , de l'imagination , &
des faillies , le rend étourdi ,
frivole , indifcret & méchant.

LETTRE II.

Rosalide à Fatime.

JE suis à Paris depuis huit jours. Il n'est pas aisé de démêler si les François aiment véritablement les Étrangers, ou s'ils n'ont que la vanité, l'espece de coquetterie de s'en faire aimer. Croiroient-ils que par toutes sortes de bonnes façons ils doivent tâcher d'adoucir le malheur d'une personne envers qui la nature a été assez marâtre pour ne l'avoir pas fait naître Françoise ? Je ne sçai, mais il est sûr qu'il n'y a point de politesses, d'égards, de prévenances & d'attentions qu'on

Je t'envoye toutes sortes de coëffures, de parures , & les étoffes les plus nouvelles ; je prie la personne à qui je les adresse à Marseille de te les faire tenir le plutôt qu'il sera possible ; mais quelque diligence qu'elle fasse, elles ne seront deja plus de mode ici quand tu les recevras. Adieu, ma chere sœur.

LETTRE

Il y a, dit-il, mille gens dans
Paris qui s'eftiment dédomma-
gés de tout, pourvû qu'on croye
qu'ils ont de l'efprit. Il me
contoit hier qu'un homme dont
tout le bien confiftoit en ren-
tes fur la Ville, en perdit les
deux tiers par un nouvel Edit
du Roi ; il fut d'abord confter-
né ; mais en déplorant fon malheur, il lui vint un trait contre le Miniftre ; il le mit en
chanfon ; elle courut, fut trouvée plaifante, le voilà con-
folé.

Tu me demanderas fans dou-
te fi les Françoifes font belles :
on peut croire que non ; mais
il eft impoffible de fentir qu'elles ne le font pas : fans les avoir
vûes, on peindra la beauté,
jamais les graces.

à ce qu'on m'en avoit déja dit, je reconnus aisément que j'étois à la Comédie.

C'est un lieu où les François s'assemblent à une certaine heure pour y pleurer sur la triste destinée de quelques héros qu'ils n'ont jamais ni vûs, ni connus, & pour y rire des défauts, des foiblesses, des vices & des ridicules de leurs parens, de leurs amis, & des personnes avec qui ils vivent tous les jours.

Un Abbé connu de la Dame avec qui j'étois, vint se placer dans notre loge ; c'est sans contredit l'Ecclesiastique du Royaume le plus au fait de l'histoire secréte des différens Spectacles ; il fut sans doute charmé de trouver une Etran-

LETTRE III.

Rosalide à Fatime.

UNe parente de Mazaro me proposa hier de sortir avec elle ; notre carosse arrêta vis-à-vis une maison, où nous entrâmes à travers une troupe de gens armés, qui s'ouvrit pour nous laisser passer ; nous montâmes à une petite chambre que l'on referma sur nous avec un grand bruit de clefs ; nous étions dans l'obscurité , & je ne sçavois que penser de l'endroit où l'on m'avoit conduite, lorsque plusieurs lumieres d'une odeur fort désagréable commencerent à éclairer une grande salle assez mal décorée ;

I. Partie.   C

nit fans ceffe de nouvelles oc-
cafions de contenter ce defir de
plaire fi natutel à notre fexe ;
elle a prefque tous les jours le
plaifir d'effayer fes charmes
fous différens habillemens ,
fous différentes parures. N'eft-
elle pas même en droit de penfer qu'elle ne doit les douceurs de fa fituation qu'à fon
propre merite ? Par quelle bizarrerie de préjugés fe mettra-
t-elle au-deffous de cette femme dont la naiffance n'eft pas
au-deffus de la fienne, & qui
ne brille que de l'éclat em-
prunté de la fortune & des fri-
ponneries de fon mari ? Je ne
vois pas qu'il foit plus noble
d'exercer fon efprit à imaginer
quelque nouvelle taxe fur la
nation, que d'employer fes ta-

gere avec qui pouvoir étaler tout son sçavoir. Il m'apprit les noms, surnoms, l'âge, les talens, les bonnes & les mauvaises qualités de toutes les Actrices, une partie des Amans à qui elles avoient appartenu, & ceux qui les avoient actuellement ; telle à qui je n'aurois pas donné plus de vingt-cinq ans, étoit, selon lui, depuis près de trente, fille de théâtre, mere de plusieurs enfans, & cependant recherchée comme dans sa nouveauté. C'est le miracle des houris du Paradis du Prophéte.

Laissant à part la vie intérieure de ces Demoiselles, je conçois qu'une Comédienne peut trouver Lien de l'agrément dans son état ; il lui four-

déplorer ses malheurs, & se
tuer en chantant. L'idée qu'elles se font du chant, & l'ha-
bitude de le regarder comme
un enfant du plaisir & de la
joie, causent apparemment
cette prévention, qui se dis-
siperoit aisément si elles le
consideroient dans son essence
réelle, c'est-à-dire, comme
un simple arrangement de tons
différens. Je ne pus m'empêcher de rire à la Comédie,
lorsque je m'apperçus qu'un
Roi rimoit exactement tout ce
qu'il disoit à sa Maîtresse, à
son Conseil & à son Capitaine
des Gardes. La rime qui se fait
bien plus sentir dans la simple
déclamation que dans le chant,
me parut une affectation pué-
rille; elle rompt l'illusion & ne

lens à l'amuſer. J'irai demain à l'Opera , on m'a beaucoup vanté ce ſpectacle , nous verrons. Adieu , ma chere Fatime, aime toujours Roſalide.

LETTRE IV.

Roſalide à Fatime.

JE ſors de l'Opera ; ce ſpectacle a tenu pendant trois heures mon eſprit , mes yeux , & mes oreilles dans un ſi grand enchantement que je ne conçois pas qu'il y ait des perſonnes aſſez ennemies de leurs plaiſirs pour ne vouloir pas s'y amuſer , & pour s'obſtiner à répéter ſans ceſſe qu'il eſt ridicule qu'un homme vienne

Ionie déferte, avec défenfes expreffes à tous ceux qui la compofent de fe rien dire, de fe rien demander, enfin de fe parler autrement que comme ils fe parlent au théâtre ; il n'eft pas douteux qu'il naitroit dans cette Ifle une pofterité chantante, dont toutes les inflexions de la voix feroient élancées & mefurées, & que cette pofterité, fi elle rentroit un jour dans la patrie de fes peres, trouveroit la diffonance des tons de nos converfations fort extraordinaire, & avec plus de raifon, je crois, qu'on n'en a de fe recrier contre la répréfentation de toute une action en mufique.

Les décorations, les habits, les chœurs, les machines & les divers changemens, rendent

produit aucune beauté ; au lieu qu'à l'Opera , cette fuite , ce mélange , cette fucceffion variée de fons pour peindre la haine , l'amour , la jaloufie , la fureur & la vengeance , donne , felon moi , de la force , de la chaleur , de l'énergie , & une nouvelle expreffion aux paroles ; en un mot , il m'a femblé qu'à l'Opera j'aurois été affectée quand même je n'aurois pas entendu le françois , & qu'au contraire à la Tragédie où l'on m'a menée , je n'entendois le françois que pour être choquée du langage peu naturel qu'on y parloit.

Je fuppofe que le Roi de France envoyât fon Académie de Mufique peupler une Co-

plus groſſieres. J'eſpere toujours, ma chere Fatime, que
les inſtructions que notre mere
t'a données dans l'enfance, ne
ſeront point perdues, & que
tôt ou tard tes yeux ſe déſil-
leront aux clartés de la vraie
religion : c'eſt la plus grande
ſatisfaction que put recevoir
une ſœur qui t'aime bien tendrement. Adieu.

l'Opera si magnifique & si sur-
prenant que si les Sauvages voi-
sins de l'Isle , où dans ma sup-
position je l'ai relegué , assis-
toient à son spectacle , je suis
persuadée qu'ils croiroient voir
véritablement des Divinités , &
que pour peu que Mr le Di-
recteur eut d'esprit & d'ambition , il lui seroit aisé de tran-
cher du prophéte , du législateur , & de faire des prosély-
tes. A la tête des saintes & des
dévotes de cette nouvelle loi ,
il seroit plaisant de lire les noms
de quelques Actrices dont on
m'a conté les aventures. Mahomet suivi de sa Cadizge , de
deux ou trois autres femmes ,
& de quelques vagabonds , en-
treprit & vint à bout d'en établir
une dont les machines sont

ni ce concours d'arts, de sciences & de talens qui fournissent chaque jour dans Paris de nouveaux amusemens... Cela se peut, Madame, me répondit-il, cela se peut; mais le plaisir d'avoir un Serrail? Pour avoir un Serrail, repliquai-je, il faut être riche, & je ne vois pas qu'en France les gens qui le font & qui ont le cœur gaté, manquent plus de femmes qu'ailleurs : Si un Seigneur Turc a dix Esclaves, un Seigneur François n'a-t-il pas toute la Comedie, tout l'Opera, toutes les jeunes filles qui postulent & à qui il promet sa protection pour y entrer, & cent autres? Il est vrai que ces Demoiselles ne font pas absolument en propre à lui comme en Tur-

L E T T R E V.

Rosalide à Fatime.

NOus étions hier cinq ou
six femmes chez moi ;
entra un jeune homme des
amis de Mazaro ; on parloit de
Constantinople ; Constantinople! s'écria-t-il , en se laissant
aller dans un fauteuil, Constantinople! Ah , Mesdames, c'est
le séjour de mon ame ! Un honnête Musulman doit mener une
vie bien délicieuse ! En quoi,
Monsieur , lui demandai-je
assez étonnée de son entou-
siasme ? Il n'y a à Constantinople ni bals , ni assemblées , ni
jeu , ni soupers , ni spectacles ,

eſt par-tout également injuſte, imperieux & tirannique ; s'il étoit permis à Paris d'avoir pluſieurs femmes , elles y feroient peut-être auſſi captives qu'en Turquie ; mais comme un François ne peut en avoir qu'une , il ne la cache pas, de peur que ſon voiſin ne cachât auſſi la ſienne. Quoi qu'il ait publiquement des maîtreſſes , en exige-t-il moins de fidelité de la malheureuſe qu'il a épouſée ? Non , & ſi elle oſe ſe plaindre en juſtice , ſi elle prouve évidemment qu'il en uſe mal avec elle , devinerois-tu le jugement qui intervient ? Il eſt digne des hommes, ce ſont eux qui le rendent. On ordonne que cette infortunée entrera dans un Couvent , c'eſt-

quie une Esclave à son Maître;
mais le droit de propriété en
fait de femmes, n'est pas, je
crois, ordinairement ce qui
flatte le plus le goût de votre
nation... Il y a des cas, Madame, il y a de cas, s'écria de
nouveau cet extravagant; est-il
rien de plus doux que d'avoir
à soi cinq ou six jolies enfans
qu'on achette à l'âge de six,
de sept, de huit ans, & lorsqu'elles en ont treize... Nous
le priâmes de vouloir bien nous
épargner ses arrangemens de
ménage, & de changer de conversation.

Ma chere sœur, les loix sont
différentes chez les différens
peuples, les mœurs des hommes sont par-tout les mêmes.
Je dirai plus, leur caractere

personne , dis-je à une Dame affife à côté de moi , eft-elle mariée ? Voilà fon mari , me répondit-elle , en me montrant un jeune homme d'une figure très-aimable , qui étoit adoffé à la cheminée ; ils ont l'un & l'autre de la naiffance, de grands biens , beaucoup d'efprit , & cependant ils n'en font pas plus heureux ; vous voyez continua-t-elle , que fes regards font attachés fur elle ; je fuis fure qu'il fe dit en lui-même que rien n'eft plus adorable ; mais la juftice que fes yeux lui rendent ne paffe plus jufqu'à fon cœur; la facilité à devenir heureux, lui ôte le goût, le plaifir, & l'empreffement de l'être... J'entends, Madame, interrompis-je , c'eft un de ces fats dont

on

à-dire, qu'en France on nous enferme parce que nos maris ont tort avec nous, & en Turquie, parce que nous pourrions avoir tort avec eux; cela indigne, cela revolte. Adieu, ma chere Fatime.

LETTRE VI.

Rosalide à Fatime.

JE n'ai jamais vû rien de plus charmant qu'une femme qui vint hier dans une maison où j'étois; je ne me lassois point de la regarder, d'admirer son air, sa taille, sa demarche noble, son sourire, je ne sçais quoi de fin & d'engageant repandu sur toute sa phisionomie. La jolie

de lui plaire. Quelles fommes n'a-t-il pas dépenfées pour acheter des Efclaves dont il ne fe foucioit plus dès qu'elles étoient dans fon Serrail ? Je regardois cet état d'infenfibilité, cette privation de defirs comme une punitïon d'avoir voulu trop les irriter ; mais quand je vois que les cœurs les plus vertueux & qui meritent le plus d'être comblés des douceurs de l'amour, n'en tombent pas moins dans ce même anéantiffement, je t'avoue que je ne fçais que penfer de la nature & des loix. Tout dans l'univers eft-il donc imparfait ! On ne doit avoir des defirs que pour l'objet à qui l'hymen nous lie, & c'eft ce même hymen, cette union fi

on m'a parlé, qui croyent qu'il eſt du bel air de ne ſe pas ſoucier de ſa femme? Ah! ne lui faites point cette injuſtice, reprit-elle, il marque à la ſienne toute l'eſtime, tous les égards & toutes les attentions imaginables; mais rien ne peut ſuppléer à l'amour; elle l'aime paſſionnement, il le ſçait, il ſent combien elle doit ſouffrir, & il eſt ſans ceſſe déchiré par le remord de rendre malheureuſe une des perſonnes du monde qui mérite le moins de l'être.

Ma chere ſœur, j'ai vû notre pere éprouver cette même ſéchereſſe de cœur, & ſe la reprocher au milieu de vingt femmes charmantes, ſoumiſes à ſes plaiſirs, & qui toutes ſembloient n'aſpirer qu'au bonheur

LETTRE VII.

Rosalide à Fatime.

J'Ai été indisposée pendant quelques jours, mais j'ai eu toujours si bonne compagnie que je ne suis sortie qu'avec peine pour aller chercher ailleurs ce que je trouvois si commodément chez moi ; il s'y est passé de ces scenes plaisantes que la folle imagination du François crée, pour ainsi dire, de rien.

Viens que je t'embrasse, mon cher Chevalier, disois hier un jeune homme à un de ses amis. J'ai appris avec une vraie joie que tu as quitté cette Mada-

pure, ce nœud facré qui dé-
truit ce qu'il légitime , que
dis-je , ce qu'il ordonne ! J'ai
époufé mon Amant après bien
des inquiétudes & des peines ;
fa tendreffe pour moi va jufqu'à l'adoration , mais peut-
être que bientôt , ô ciel ....non,
je ne dois rien craindre;nos deux
cœurs étoient deftinés l'un pour
l'autre ; mon bonheur eft à jamais affuré ; & rien ne pourroit
l'égaler fi j'avois le plaifir de
t'avoir avec nous. Adieu , je
t'embraffe bien tendrement, ma
chere Fatime.

rée, qu'une femme auffi aimable que Madame D*** eut
rendu le Chevalier conftant?
Ah! fi, fi donc, Madame, conftant! répondit-il ; entre nous,
qu'eft-ce qu'un homme conftant ? Une efpece d'animal affu-
jetti , qui n'a plus qu'une allure,
qui devient domeftique, qui ne
goute plus le vin , qui fuit les
petits foupers & fes amis ; il me
femble voir un mari qui fait bon
menage. La conftance marque
un cœur étroit, un cœur qui
n'a pas la force de feconder la
nature qui lui préfente fans ceffe de nouveaux objets, pour
l'aider à fecouer le joug de
celui qui l'a fubjugué. En un
mot, votre homme conftant
n'eft ordinairement qu'un pa-
reffeux , qui fe méfiant de fon

me D*** ; fçais-tu bien que cet amour - là commencoit à paroître bien long , bien férieux , & à te donner un travers dans le monde. J'avois beau dire que parceque ton cœur s'amufoit deux ou trois femaines de plus avec elle qu'avec une autre, il ne falloit pas précipiter fon jugement, que je te connoiffois, & que cela finiroit bientôt, je ne perfuadois point ; on fe rapelloit, en fouriant malignement, le jour que tu l'avois prife , & comme on ne peut pas difconvenir qu'elle n'ait de l'efprit & de la beauté, on fe difoit à l'oreille qu'elle t'avoit fixé. Hé quel mal y auroit-il , Monfieur , demanda une Dame de la compagnie à cet ennemi des amours de du-

quefois c'est une coquette aï-
mable qui m'amufe par fon efprit ; enfin prefque tous les foirs
elle change d'attraits, de graces, de caractere, d'habits & de
vifage même, fi vous voulez ;
mon imagination que ranime
chaque jour une curiofité re-
cente, avertit, preffe mon cœur
de défirer, le féduit, l'enflamme ; & dans le même objet
je crois jouir d'Atalide, de Mo-
nime, de Célimene & de Cloë.
Mais cela me rapelle qu'elle
joue aujourd'hui dans une piéce nouvelle, c'est un pucela-
ge, j'y cours ; & en effet il fe
leva & fortit.

Aurois-tu jamais penfé, ma
chere fœur, qu'on put traiter
la conftance de vertu ridicule,
& que diras-tu d'une nation

où

mérite, s'affoupit avec une conquête faite pour ne fe pas donner la peine d'en entreprendre
une autre qu'il pourroit manquer. En vérité, repliqua la
même Dame qui avoit déja
pris la parole, ce propos eft
bien étonnant dans la bouche
d'un quelqu'un qu'on fçait at-
taché depuis deux ans à... à
une Comédienne, n'eft-ce pas,
s'écria-t-il d'un ton ricanneur !
Eh, Madame, c'eft l'inconftance même qui entretient &
perpetue mon goût pour cette
Aſtrice ; jamais Protée ne fut
plus admirable ; tantôt c'eft une
amante en pleurs qui regrette
un perfide ; un autre jour, ber-
gere innocente, elle voudroit
fe cacher à elle-même le trouble d'un amour naiffant ; quel-

quiete ; je la priai de me dire librement fi je ne la gênois pas; au contraire , me repondit-elle en foupirant , je ferai charmée que nous paffions enfemble le refte de la journée ; je foulagerai peut-être un peu ma douleur en la confiant à une amie. J'aime , ajouta-t-elle, & j'aime un ingrat qui ménage d'autant moins mon cœur qu'il s'en croit plus le maître ; il y a quatre jours que je ne l'ai vû , quoique j'aprenne de toutes les perfonnes qui viennent chez moi qu'il fe multiplie , pour ainfi dire , & qu'on le rencontre par - tout. Elle s'interrompit à ces mots pour s'approcher de la fenêtre; un caroffe venoit d'entrer dans la cour. Ah ! le voici , s'écria-

où la plûpart des hommes, dès l'âge de vingt - cinq ans, font déja privés des vrais plaifirs de l'amour ; leur ame eft flétrie, leur cœur eft blazé, & leurs fens même ne fe réveillent plus qu'à force de preftiges & d'illufions. Adieu, je t'embraffe bien tendrement, ma chere Fatime.

LETTRE VIII.

Rofalide à Fatime.

J'Allai il y a quelques jours chez une femme très - aimable, d'un rang diftingué & de qui j'ai reçu mille prévenances & mille amitiés à mon arrivée en cette Ville. Je la trouvai diftraite, rêveufe, inla long-tems & ne nous adreſſa la parole à notre tour que pour nous le vanter. Il ſe leve enſuite, ſe pavâne devant un miroir, y compoſe ſes graces, raccommode une boucle de ſes cheveux qui lui couvroit trop l'oreille, & bien-tôt par une réverence légere, il annonce ſa retraite. Quoi, vous ſortez ſi vîte, lui demanda ma trop foible amie ? Vous reverra-t-on ? Oui... cela ſe pourra, répondit-il de l'antichambre.... ce ſoir... un de ces jours.

Ma chere ſœur, voilà comme j'ai vû un François traiter une femme dont il eſt adoré, & ce François reſſemble à bien d'autres. Dominez par l'amour propre, gâtez par l'exemple, ambitieux ſur tout, en entrant dans le monde , de parvenir à l'état brillant d'hommes à bonnes fortunes , leur amour naiſſant n'eſt ordinairement qu'un deſir de plaire , leur perſéverance qu'une ſuite de leur orgueil qui s'irrite , & s'étonne qu'on ne ſe rende pas d'abord ; & ſouvent ce qui les flatte uniquement dans les faveurs qu'on leur accorde , c'eſt l'idée qu'on n'a pû tenir contre tout leur mérite.

Un Turc achete une femme ; elle ne l'a pas choiſi ; il ne lui a donc nulle obligation de ſa poſſeſſion , & il eſt en quelque façon en droit de ne l'aller voir qu'autant que ſon plaiſir l'y engage ; mais ici une Femme eſt libre ; elle pouvoit ſe déterminer en faveur de tout autre, que de l'amant à qui elle donne son cœur. Lorsqu'il a séduit ce cœur, lorsque dans le sien la plus vive reconnoissance devroit se joindre à l'amour, il néglige, il abandonne, que dis-je, il se plaît à entendre gemir sa conquête ; sa vanité triomphe à la vûe des larmes qu'il lui fait verser. En amour, le Turc est peu délicat, le François est ingrat & perfide.

LETTRE IX.

Rosalide à Fatime.

QUe je me trompois lorsque je t'écrivis que les François étoient naturellement bons, humains & compatissans ! Ah ! ma chere sœur, qu'ils sont cruels ! qu'ils sont barbares! J'assistai hier à ce qu'ils appelle une vêture ; la jeune personne pour qui se faisoit la cérémonie ne paroissoit pas avoir plus de seize ans ; je ne chercherai point à te la peindre. Imagine-toi la taille la plus noble, la phisionomie la plus intéressante ; imagine-toi l'innocence avec ses graces sim-

ples & naïves, cet air de mo-
deftie & de douceur qui l'ac-
compagnent toujours, c'eft elle , tu la vois. Après que l'af-
femblée l'eut bien confidérée,
on la dépouilla de fes riches
habits pour lui en donner de
fombres & de lugubres ; on
coupa fes beaux cheveux ; je
pénétrois tout l'état de fon
ame ; malgré les efforts qu'elle
faifoit pour fe donner de la
force contre fa cruelle deftinée, je la voyois de temps en
temps fremir , palir , & fes
beaux yeux prêts à fondre en
larmes ; il fallut donner un libre cours aux miennes, je n'en
pouvois plus, mon faififfement
m'étouffoit ; il y avoit près d'u-
ne demie heure que je ne ref-
pirois que par de longs foupirs.

Vous paroissez bien touchée, me dirent les Dames qui m'avoient menée à ce triste spectacle ? Ah ! tout ce qu'on peut l'être, répondis-je. J'avois de la peine à croire que dans les païs * les plus sauvages, il y eût des peres assez barbares pour tuer leurs enfans nouveaux nés, quand ils n'étoient pas assez riches pour les nourrir ; mais je vois que le François est encore plus inhumain.

Une fille aimable , qu'il a vû croître sous ses yeux, est l'innocente victime qu'il sacrifie au mariage d'une aînée ; il ne l'a élevée jusqu'à l'âge de quinze ou seize ans que pour la livrer à un supplice continuel , & la forcer de s'enterrer vi-

* Dans la Colchide ou Mingrelie.

vante. Quel horreur ! De grace , Mefdames, ajoutai-je , allons nous - en , en verité je fouffre trop ici. Nous fortimes , & pendant tout le chemin la converfation ne roula que fur le fort affreux d'une jeune perfonne privée à jamais de fa liberté , affervie à tout ce que l'obéiffance a de plus mortifiant , & obligée de veiller fans ceffe contre les mouvemens d'un cœur qui n'étoit pas formé pour être infenfible. On conta à cette occafion plufieurs aventures de couvent , & ce matin une de ces Dames m'a envoyé ces deux lettres, en me marquant qu'elle les trouva dans une caffette de fon frere qui fut tué il y a deux ans dans une bataille.

Il n'y a qu'une Religieuſe qui puiſſe écrire avec ce feu, cette yvreſſe & ces tranſports. L'ame d'une femme répandue dans le monde, eſt ſi diſſipée par le deſir de briller, par le jeu, les ſoupers, les bals & les ſpectacles, que l'amour n'y eſt ordinairement qu'un goût leger, un amuſement, une paſſion frivole ; au lieu que c'eſt un embrazement dans le cœur d'une infortunée, toujours gênée, toujours captive, toujours avec elle-même & avec des deſirs que la contrainte ne ſert qu'à irriter ; elle ſe couche en s'occupant de ſon Amant, y rêve en dormant, s'éveille pour y penſer, pour le ſouhaiter & pour aſpirer au moment où elle pourra ſe trouver avec lui.

Lettre.

JE suis inquiéte; je crains que vous ne foyez indifpofé ; je ne pus jamais fortir plutôt de l'appartement de la Supérieure , il y avoit près d'une heure qu'au vent & à la pluie , vous m'attendiez dans le jardin. Vos habits étoient traverfés ; le froid vous avoit faifi ; où vous menai-je ! dans ma chambre , dans la chambre d'une Religieufe , où il n'y a pas même de cheminée ! Vous n'aviez pas foupé , & je n'eus que quelques fruits à vous offrir ; je n'ai jamais fen-ti fi vivement les aufterités de mon état ! Direz - vous encore que toujours timide , toujours confufe , toujours embaraffée de vos defirs, il faut me vaincre à chaque fois ? Que la pitié me rendoit hardie ! je prevenois vos careffes, je réchauffois vos mains dans les miennes, j'effuyois l'eau qui dégoutoit de vos cheveux, je vous aidois à ôter vos habits; avec quelle tendreffe je vous tenois embraffé ! & bientôt avec quel raviffement, brulante d'amour dans l'ivreffe du plaifir, en devorois-je, pour ainfi dire, les inftans ! qu'ils s'écouloient avec rapidité ! quelle nuit!... c'eft vous du moins, je n'ai pas à me le reprocher, c'eft vous qui m'avez annoncé que le jour alloit nous furprendre & qu'il étoit tems de nous féparer; je n'avois pus la force de parler pour exprimer mes tranſports; l'aurois-je eue pour vous dire de me quitter ! Ah, vous pouviez ſans crainte demeurer encore une demie heure avec moi. Il ſemble que l'amour ait voulu vous en punir ; mon cœur ne peut vous être infidéle, mais un ſonge ſéduiſant l'a replongé dans des délices que vous ne partagiez plus. Le bruit du Couvent frappoit en vain mon oreille, il n'arrachoit point mon ame aux douceurs de ſon illuſion ; languiſſante & les yeux à demi ouverts, je me croyois encore avec vous, & je ne me ſuis tout-à-fait éveillée que dans un tranſport où j'ai voulu vous ſerrer dans mes bras. Sort cruel! Une femme dans le monde, maîtresse de son sommeil, lui peut donner une partie des momens où elle ne voit pas son Amant ; on fait regner le silence autour de son appartement ; au lieu qu'ici nos instans, qui ne font déja que trop longs, commencent avec le jour ; il n'est qu'onze heure, il y en a six que je suis levée ; jusqu'à la nuit, que de tems encore lorsqu'il est compté par l'amour ! Vous n'attendrez pas ce soir ; je serai dans le jardin avant que vous arriviez ; je veux même que nous soupions ensemble, la providence de l'amour y a pourvû ; mille & mille baisers. Adieu, je brule de vous embrasser : j'ai sur moi cette robe que vous aviez prise pour laisser ſecher vos habits ; il ſemble qu'elle porte dans mon ſang un philtre qui l'enflamme, & que ma gorge qu'elle couvre, reſpire avec plus d'émotion. Que je vous aime !

Autre Lettre.

PArce que je levai hier les yeux au ciel en ſoupirant, & que quelques larmes m'échapperent , vous oſez m'écrire aujourd'hui que vous ne me poſſedez point entierement ? Vous êtes bien injuſte ! Quoi, vous ne voulez pas même que dans le déſordre où je vis , j'aie quelquefois des remords ? ingrat ! Ah , ces remords que vous me reprochez, loin de m'arracher à mon a-

mour ,

mour, ne femblent agir quelques momens fur mon cœur
que pour m'y faire bientôt ref-
fentir avec plus de vivacité le
retour de mes fentimens pour
vous. Puis-je même honorer
du nom de remords ce qui
n'eft en effet que la crainte
d'être un jour l'objet de vos
mépris ? Si la paffion qui m'en-
traîne, étouffe en moi les préjugés de l'éducation & de mon
état, n'a-t-elle pas fes propres
allarmes ? Croyez-vous que
mon amour-propre foit affez
fort pour me promettre des
miracles, & pour me raffurer
contre l'inconftance fi naturelle à votre âge ? Ne dois-je pas
même penfer que pour mefurer
la vengeance à l'énormité de
mes fautes, la perte de votre

I. Partie.   F

cœur eſt le châtiment que le ciel me reſerve? Par les vœux les plus ſacrés devouée aux au- tels, je ne le ſuis plus qu'à vo- tre amour, ou plutôt à vos plaiſirs, car je ne me flatte point; non, ingrat, non vous ne reſſentez point pour moi cet attachement véritable, ce dé- vouement du cœur, cet oubli de vous-même; je ne vous in- ſpire point cette ſenſibilité, cette tendreſſe, cette joie dé- licieuſe où l'ame toute entiere à ſon enchantement ſemble n'être plus que la perſonne ai- mée; ma jeuneſſe & quelque beauté excitent vos tranſports, & je ſuis moins l'objet de vo- tre amour que la proie de vos deſirs. Ne le vis-je pas hier, quand j'allai vous tirer de l'endroit où je vous avois caché. Presque sans me parler, vous m'emportâtes dans vos bras ; avec quelle impatiente ardeur, vous arrachiez mon voile, mes habits ! Il sembloit que ce n'étoit point mon amant, mais un ravisseur qui s'étoit introduit dans ma chambre. Bientôt dans un état où l'Amante la plus emportée ne se voit point sans pudeur, je vous priai d'éteindre une lumiere qui nous éclairoit ; loin de m'écouter, une simple toile me couvroit encore, vous la déchirâtes : votre bouche se précipitant sur tout ce qui s'offroit à vos avides regards, en exageroit l'éclat, la blancheur ; c'étoit ma gorge, c'étoient mes bras, c'étoit.... perfide ! Vous vantiez à votre imagination des plaisirs qui ne prenoient point leur source dans votre cœur. Le sentiment se partage-t-il ? détaille-t-il les charmes de la personne aimée ? Non, il l'embrasse toute entiere ; ce n'est point sa beauté, c'est elle qu'un véritable Amant posséde ; c'est l'épanchement de son ame avec la sienne qui fait ses vraies délices. Votre amour, ingrat, n'est que dans vos sens ; il satisferoit une femme dans le monde ; elle ne veut qu'être desirée ; ah ! pour moi, si je ne suis pas aimée... On entre dans ma chambre ; il faut finir ma lettre ; je vous attends ce soir ; venez me demander pardon de vos injustes reproches ; que les miens ne sont - ils aussi mal fondés ! Adieu, à ce soir,

LETTRE X
Rosalide à Fatime.

UN jeune Seigneur fut pré-
senté hier dans une mai-
son où j'étois ; il y joua ; après
le jeu il y soupa ; après le sou-
per, il s'étendit dans un fauteuil:
on voyoit qu'il tâchoit de s'y
composer des graces noncha-
lantes. Bientôt il se leve , s'approche en pirouettant de la
maitresse de la maison , lui laisse
tomber , en passant , quelques
mots dans l'oreille , qui , selon
lui , ne durent pas manquer
d'aller jusqu'au cœur , se met à
la cheminée , & avec cet air &
ce ton d'un fat qui veut bien
mésallier pour quelques momens sa conversation , Mon-

fieur, dit-il, à un gros homme vêtu de noir qui s'étoit rangé pour lui faire place , la Dame d'ici m'étoit totalement inconnue ; elle eft jolie ! a-t-elle quelqu'un ? On s'arrangeroit volontiers avec elle. Elle eft mariée ? Où eft donc fon benêt de mari ? Le voici, lui répondit froidement le gros homme en marquant cette annonce d'une reverence ; parbleu, Monfieur , repliqua mon fat , fans être déconcerté , je fuis charmé que ce foit vous ; je vous en fais mon compliment; vous tenez une fort bonne maifon; j'y viendrai fouvent , je vous en réponds , & tâcherai en toute occafion de vous marquer combien je fouhaite que vous me regardiez comme votre ferviteur.

Tu auras de la peine à croire , ma chere sœur , qu'un
mari ne soit pas connu chez
lui, je t'assure cependant que
cela est assez ordinaire dans
Paris. Telle femme anéantit le
sien au point qu'on ne sçait qu'il
existe & qu'on ne le qualifie
que par elle. C'est le mari de
Madame D * * * , dit-on. Que
d'époux m'ont ici paru ressem-
bler à ce Prêtre de la Déesse
Asoca * dont il est parlé dans

---

* La Déesse Asoca étoit adorée parmi
quelques Tribus des Arabes avant l'é-
tablissement de la Religion Mahome-
tane. Son Prêtre étoit chargé du soin de la
parer & de tenir table à ceux qui venoient
lui adresser des vœux ; mais ce qu'il y avoit
de plus bizarre, c'est qu'il ne devoit se présenter devant elle que pour la mettre de
mauvaise humeur ; en l'irritant contre lui,
c'étoit le moyen , disoit-on , de la rendre
favorable aux autres.

l'hiſtoire de Saadi ! Ainſi ſoit un jour où tu es , ma chere Fatime. Adieu , je t'embraſſe bien tendrement.

LETTRE XI.

Roſalide à Fatime.

UN Prince auſſi aimable par toutes les qualités du cœur & de l'eſprit , que reſpectable par ſa naiſſance, s'eſt ſenti du goût pour une Actrice ; il le lui a fait annoncer, c'eſt-à-dire qu'on a porté chez elle de ſa part mille louis, avec promeſſe , en cas qu'il la garde, d'une certaine ſomme par quartier. Cette fille qui doit paſſer déſormais pour le phénoméne

le

le plus extraordinaire qui ait
paru depuis longtems au Théâtre, a répondu généreufement,
Je vis à préfent avec un jeune
homme que j'aime , & qui
m'aime paffionnément ; pour
tout l'or de l'univers , je ne
voudrois pas le défefperer en
le quittant la premiere ; mais ,
fi le Prince n'eft point trop
preffé , je tacherai d'arranger
les chofes de façon à pouvoir
répondre à l'honneur qu'il me
fait dans huit ou dix jours au
plus tard.

Sur la réponfe qu'on vouloit
bien patienter jufqu'à ce tems-
là, elle a emmené dès le lendemain fon Amant à une petite maifon de campagne. Ils y
font feuls , ne voyent qu'eux ,

ne fortent point, dinent & fou-
pent vis-à-vis l'un de l'autre &
tant que les journées durent,
ne s'entretiennent que de leur
belle paffion. Elle efpere qu'à
force d'être enfemble, ils s'en-
nuyeront, fe lafferont , & fe
quitteront ainfi fans regret &
fans avoir de part ni d'autre
aucuns reproches à fe faire.

On ne fçait pas encore fi le
moyen qu'elle employe fera
efficace ; mais il eft toujours
sûr qu'elle s'exécute & s'y
prend de fon mieux pour fatisfaire à tout. Ce feroit bien
dommage que l'Amour ne fer-
vît pas à fouhait une pauvre
fille qui paroît fuivre fes éten-
darts avec une probité & une
confcience auffi délicate.

Puisque je suis en train de te conter des aventures, je vais t'en écrire une autre dont la fin paroît d'abord incroyable ; mais quand on réfléchit qu'un François en est le héros, on se persuade aisément que l'histoire est vraie , & même qu'une action aussi bizarre & aussi singuliere , peut s'être placée comme un joli trait , dans son imagination.

G ij

HISTOIRE

Du Comte d'Amille.

LE Comte d'Amille * étoit arrivé depuis quelque tems à Paris, pour achever de s'y perfectionner dans tous les éxercices convenables à un homme de sa naissance. Se promenant un soir aux Thuilleries, il fut frappé de l'extrême beauté d'une jeune personne qui étoit assise avec sa mere dans une des petites allées. Il

---

* Depuis la premiere édition de ces Lettres, un Auteur qui a donné plusieurs Comédies au Public, en a fait une sur cette aventure, sous le titre du Rival de lui-même.

paſſa & repaſſa auſſi ſouvent
qu'il le put faire ſans marquer
ttop d'affe&ation , & à chaque
fois elle lui parut toujours plus
charmante. Il n'avoit que ſeize
ans , & s'il ne faut qu'un inſtant pour aimer , c'eſt ſurtout
à cet âge où le cœur rempli
de deſirs ne cherche qu'un objet qui les fixe.

Lorſqu'il vit qu'elles ſe diſ-
poſoient à ſe retirer , il les con-
duiſit des yeux , & s'étant aſſu-
ré du côté qu'elles prenoient
pour ſortir , coupant par différentes allées , il ſe trouva à
la porte preſqu'auſſitôt qu'elles. Il chargea un de ſes gens
de les ſuivre & de s'informer
qui elles étoient. Il apprit que
la mere étoit veuve , qu'elle

s'appelloit Madame Déran, &
qu'un Procès considérable l'a-
voit obligée de venir à Paris,
où elle & sa fille ne voyoient
pas grand monde.

Il rêva toute la nuit aux
moyens de s'introduire chez
elles. Le hazard le servit mieux
que tout ce qu'il auroit pû imaginer. Une partie de la maison
où elles logeoient, étoit occupée par un vieux garçon,
grand amateur de la musique,
& qui se piquoit d'avoir un
concert chez lui deux fois la
semaine ; pour peu que l'on
jouât de quelqu'instrument, on
étoit sûr d'en être bien reçu.
Damille ne tarda pas à aller le
voir & à faire connoissance ;
mais comme l'éclat de sa for-

tune & du rang que tenoit sa famille, n'eut pas manqué d'être un obstacle aux projets de son amour (une mere sensée banissant ordinairement d'auprès de sa fille tout Amant dont il n'y a pas d'apparence de faire un Mari) il prit le nom de *Vareil* : c'étoit celui d'un jeune homme d'une naissance ordinaire, qui montoit à la même Académie que lui, & à peu près de son âge & de sa figure.

Il attendit avec la plus vive impatience, le jour du concert ; il se flattoit d'y voir Mademoiselle Déran, & son espoir ne fut pas trompé. Après l'avoir regardée longtems avec toute l'avidité du cœur le plus pasfionné, il fe plaça auprès de fa mere, l'entretint de ce qu'il crut pouvoir l'intérefler, fe contrefit à merveilles, parut doux, poli, d'un caractere fage & retenu, lui donna la main à la fin du Concert, & l'ayant remife à fon appartement, lui demanda la permiffion d'avoir quelquefois l'honneur de la voir, & l'obtint.

Il fe retira fort content. Quels euffent été fes tranf-ports, s'il eût fçû ce qui fe paffoit dans le cœur de Mademoifelle Déran! Elle fut tout le foir inquiette, rêveufe; un trouble agréable & qu'elle n'avoit jamais reffenti, l'agitoit; elle fe retira de bonne heure dans fa chambre; elle voulut lire en se couchant, elle ne put que rêver. Les attentions que Damille avoit marquées pour sa mere, & dont elle deviroit aisément le motif, son air, ses graces, sa politesse, tous les agrémens de sa figure & de son esprit, revenoient sans cesse à sa pensée. Elle s'endormit avec ces idées, & les retrouva en s'éveillant. Elle ne restoit pas ordinairement longtems à sa toilette, elle y passa presque tout le matin ; sans cette occupation, que les momens lui eussent paru longs ! Plus l'heure où il pouvoit se présenter approchoit, & plus elle sentoit augmenter son trouble & son émotion. On l'annonça ; elle crût remarquer dans fes yeux qu'il s'appercevoit avec plaifir qu'elle étoit plus parée que la veille ; elle rougit de l'être comme d'une avance qu'elle lui eut faite, & tacha de prendre un air froid & indifférent ; mais des regards qui lui échappoient malgré elle, trahirent plus d'une fois le fecret de fon cœur.

Damille naturellement très-préfomptueux, fortit de cette premiere vifite bien perfuadé qu'il n'aimoit pas une ingratte, & que pour s'affurer de fon bonheur, il n'étoit queftion que de la rencontrer feule ; il en épia fi bien le moment, qu'au bout de cinq ou fix jours, il le trouva. Enfin, Mademoifelle,

lui dit-il , en se précipitant à
ses genoux , je puis vous entretenir de mon amour ! je
puis vous déclarer un secret
dont mes regards ont dû vous
instruire dès le premier moment que je vous ai vûe , s'ils
ont suivi les mouvemens de
mon cœur ! Mais quoi , vous
ne me regardez pas ? Levez
donc sur moi vos beaux yeux ,
daignez par un mot .... Quel
mot ? Est-ce donc à moi, Monsieur, que vous parlez , interrompit Mademoiselle Déran ,
toute émuë ? Oui, Mademoiselle , c'est à vous , répondit-il ;
le ciel est trop juste pour m'a-
voir inspiré la passion la plus
tendre , la plus vive , une passion qui ne finira qu'avec ma

vie, fi vous ne deviez jamais
la payer que d'ingratitude &
de mépris ; cet inftant eft précieux ; de grace, avant qu'on
vienne le troubler, dites-moi...
Que voulez - vous que je
vous dife , interrompit - elle
encore ? Quand même je
penferois comme vous le fou-
haitez , me croyez-vous donc
capable d'en faire fi librement
l'aveu ? Hé pourquoi me refu-
feriez-vous cet aveu fi charmant , s'écria-t-il ? Peut-on
aimer plus que je vous aime?
Non , mon amour eft au point
de ne pouvoir augmenter, &
mon cœur joindroit à l'obligation d'être reçu , celle de n'a-
voir pas langui dans l'incerti-
tude de fon bonheur. En pro-

nonçant ces mots , il lui prit la main , & la baifa avec un tranf-port qui ne pouvoit manquer d'allarmer l'innocence d'une jeune perfonne qui fe trouvoit feule avec un Amant qui lui plaifoit. Finiffez , Monfieur , levez-vous , lui dit-elle , en retirant fa main avec fierté , & ceffez des façons qui m'offen-fent. Ah ! je n'en puis plus dou-ter , répliqua-t-il , vous me haïffez , & je ne dois déformais penfer qu'à vous épargner une vûe importune...... Madame Déran qui entra dans l'inftant avec quelques Dames de fes amies , lui propofa de jouer ; il joua , affeétant un air froid & rêveur , & fortit dès que la partie fut finie.

Malgré le ton qu'on avoit pris, il ne doutoit pas qu'on n'eût pour lui beaucoup d'inclination. Il crut que par quelques jours d'absence, il falloit laisser craindre qu'il ne voulut se guérir d'une passion à laquelle on avoit paru peu sensible. Il n'alla donc point le lendemain chez Mademoiselle Déran ; elle fut d'abord étonnée ; ensuite impatiente & chagrine ; & le jour d'après ne le voyant point encore, elle commença à s'accuser de trop de fierté, & à s'occuper des moyens de pouvoir le rencontrer. Telles sont les révolutions que cause l'amour dans le cœur d'une jeune personne qui le ressent pour la premiere

fois. Toujours agitée , jamais
ranquille , dans une contradic-
tion continuelle avec ſes propres ſentimens , a-t-elle laiſſé
entrevoir qu'on lui plaît?ou n'a-
t-elle marqué que de l'indiffé-
rence ? Elle eſt également inquiette , fachée & mécontente
d'elle-même.

Mademoiſelle Déran com-
mençoit à déſeſperer que ſon
Amant revint , lorſqu'au bout
de cinq ou ſix jours elle le
trouva au Concert ; il l'écoutoit d'un air diſtrait & rêveur.
Quand il fut fini , il s'approcha
d'elle , s'informa de ſes nouvelles avec moins d'empreſſe-
ment que de politeſſe , &
lui ayant donné la main juſqu'à la porte de ſon appar-

tement ; je n'oferois , Mademoifelle , lui dit-il , préfenter chez vous un malheureux que vous haïffez ; je refpecte trop tous vos fentimens. Hé pourquoi vous haïrois-je , Monfieur , répondit - elle ? Ah ? Mademoifelle , s'écria-t-il , un amour tel que le mien vous eût trouvée fenfible , fi votre cœur n'eût pas été prévenu contre moi par la plus forte antipathie. Vous vous trompez, Monfieur , reprit-elle , de ce ton embarraffé que l'Amour rend fi touchant dans une bouche timide , je ne vous haïs point , & je ne vous haïrai jamais , je vous le dis , je vous le répete , & vous le répeterai toute ma vie avec plaifir ;

fir ; mais vous défirez de moi un aveu.... Ah ! fi vous me l'arrachiez , il me femble que je ferois déformais avec vous confufe , interdite , craintive ; je ne me plairois plus , je crois , à m'y trouver ; voudriez-vous que cela fût ?

Damille étoit fi enchanté , qu'il n'avoit pas la force de parler ; il tombe à fes ge-noux ; il les tient embraffés ; fes yeux ont un langage fi ten-dre & fi paffionné, qu'elle ne pent fe refufer au plaifir de lui laiffer lire dans les fiens , combien il eft aimé ; leurs re-gards fe confondent ; leurs ames s'y peignent, s'y cher-chent & y puifent à chaque inftant de nouveaux defirs. Ils

I. Partie.   H

étoient jeunes , ils étoient feuls. J'ai dit que Damille étoit très - préfomptueux ; je devois ajouter que fon heureux penchant pour les femmes l'avoit débaraffé de bonne heure d'une certaine timidité ordinaire à fon âge; il étoit avec elle à feize ans , auffi téméraire & auffi entreprenant que s'il en eût déja trompé dix. Enhardi par le trouble & l'émotion où il voit Mademoifelle Déran , il la preffe dans fes bras , & colle fur fa bouche le baifer le plus enflammé. Elle commence à fentir & à craindre un danger qu'elle avoit trop de vertu pour avoir prévû ; elle veut s'y dérober, il n'eft plus tems. On contient l'Amant le plus audacieux qui doute de son bonheur ; rien ne peut arrêter l'Amant qui craint d'en perdre l'occasion. Damille redouble ses caresses ; elle se fache , elle menace , elle prie , elle gémit ; voulez - vous donc me perdre , cruel , s'écrie-t-elle ! Il ne répond que par de nouveaux transports ; elle se défend encore longtems ; mais enfin , trahie par ses propres desirs , sa résistance devient plus foible , ses bras n'ont plus de force , elle soupire & tombe dans ceux de l'amour.

Revenue de l'égarement où l'avoit plongée l'ivresse de ses sens , tout ce qui l'environne lui paroit un témoin cruel ;

H ij

elle n'ose lever les yeux , &
se livre à la plus vive douleur.
Damille à ses genoux recueil-
lant avec ses baisers les larmes
qu'elle répand , lui fait les ser-
mens les plus sacrés de n'être
jamais qu'à elle , & par tous
les discours les plus passionnés,
tache d'obtenir son pardon.
Hélas, il étoit trop tendrement
aimé ! Il l'obtint.

Ils se voyoient tous les jours;
ils s'écrivoient dans les momens où ils ne pouvoient être
ensemble ; tout contribuoit à
leur félicité , & rien ne la trou-
bloit ; mais il n'en est gueres
de durable. Damille un matin à l'Academie sur un rien
s'étoit emporté avec mépris
contre *Vareil* , dont il prenoit

toujours le nom chez fa mai-
treffe ; ce jeune homme le
trouvant le foir dans une rue
peu éloignée de celle où lo-
geoit Madame Déran, lui fit
mettre l'épée à la main. Leur
combat ne fut pas long. *Vareil*
percé de deux coups, tomba
mort fur la place. Damille fut
bleffé. Il fe réfugia chez un
de fes parens, qui le fit tranf-
porter hors de Paris, dès qu'on
eut mis le premier appareil à fa
bleffure ; cette affaire avoit
toutes les apparences d'un
duel, & les fuites en étoient
à craindre.

Quelle fut la douleur de
Mademoifelle Déran, lorf-
qu'elle apprit que deux jeunes
gens s'étoient battus, & que

l'un d'eux nommé *Vareil*, avoit été tué! Elle ne ménagea plus rien; elle ne craignit plus de laiſſer connoître à ſa mere juſqu'où étoit allé l'excès de ſa paſſion; ſon déſeſpoir fît craindre pour ſa vie; elle verſoit des torrens de larmes; ſans ceſſe elle ſe repréſentoit ſon Amant l'épée à le main, percé de coups, tout ſanglant. Quelle différence de ces momens à ceux où dans ſes bras.... Je ſuis ſi laſſe d'écrire, que tu attendras à une autre fois à ſçavoir la ſuite de cette aventure. Juſqu'ici tu ne la trouveras que très-ſimple & très-ordinaire; mais je ſuis bien trompé ſi la fin ne te paroît pas des plus ſingulieres. Adieu ma chere Fatime.

LETTRE XII.

Rosalide à Fatime.

ON m'a menée la nuit dérniere au Bal. Ce divertissement te plairoit. Les François le mettant au-dessus de tous les autres. C'est une assemblée de sept ou huit cent personnes de l'un & de l'autre sexe, galamment ou bizarrement masquées. Je considérois avec un vrai plaisir ces espéces de députés de toutes sortes d'états, de professions, & de peuples différens qui se parloient sans cérémonial, qui dansoient sans façon les uns

avec les autres , & qui fem-
bloient tous ne chercher qu'à
fe plaire & à s'amufer réciproquement.

Un *Empereur Ottoman* donnoit le bras à une *Religieufe*. Un
Abbé couroit après une *Chauve-
Souris*. Une *Sultane* demandoit
à un *Ramoneur* quand il vouloit lui donner à fouper dans
fa petite maifon. Un *Suiffe* pa-
pillonnoit auprès d'une jeune
Flore , & un *Préfident* après
avoir folatré longtems avec un
Arlequin, alloit fe mettre aux
genoux d'une *Bohemienne*.

Toutes ces figures que je
ne me ferois jamais attenduë
à trouver fous le même coup
d'œil , fourniffoient à mon imagination, mille idées plaifantes,
&

& m'ont beaucoup divertie ;
le bal fera déformais mon amu-
fement favori , & j'y retour-
nerai fouvent. Ce qui te pa-
roîtra affez fingulier , c'eft qu'il
foit en quelque façon défendu
à un mari & à fa femme d'y
aller enfemble ; cela les cou-
vriroit du plus grand ridicule ,
& dans ce païs - ci , parmi ce
qu'on y appelle les gens d'une
certaine façon , c'eft moins le
vice que le ridicule qui vous
perd ; je t'envoye comme une
piéce curieufe cette belle Lettre que le hazard a fait tomber
entre mes mains.

LETTRE

ENTRE perſonnes comme nous, Madame, on prend toujours un certain intérêt l'un à l'autre , quoiqu'on ſe ſoit quitté. Je vous vis hier au bal , & avec qui étiez - vous ! avec votre mari ! il ſeroit très-inutile de le nier ; je vous reconnus d'abord , & malheureuſement pour vous, pluſieurs autres vous reconnurent comme moi. Je voulus faire tomber le ſoupçon ſur le Marquis de . . . qui eſt à peu près de la taille de ce cher époux ; mais perſonne ne prit le change, & comme on a toujours des ennemis , vous ne ſauriez vous ima-

giner toutes les railleries qu'ex-
cita cette mafcarade conjugale:
Eh bon Dieu, Chevalier, me difoit
l'une , *avez - vous donc jetté le
décri fur cette pauvre femme ?
Elle vous remplace par fon
mari ? Le beau tête à tête !* difoit l'autre , *ces tendres époux
courent-ils ainfi fouvent en bonne
fortune ?* Après avoir fait quelques tours dans la falle , vous
fçavez que vous fortîtes tous
les deux affez vîte : oh ce fut
alors que les plaifanteries re-
doublerent : *Voyez donc comme
ils font preffés,* s'écria-t-on ; *ils
n'attendront pas à être chez eux ;
ils vont fe rendre heureux dans
le caroffe.* Je ne finirois point ,
Madame , fi je voulois vous
rapporter tous les propos qui

I ij

furent tenus fur votre nouvelle paſſion. En vérité une femme d'eſprit, jeune & belle comme vous l'êtes, peut-elle s'afficher de la forte, & me ferois-je jamais attendu au fucceſſeur que vous me donnez! Peut-être ne l'avez-vous choiſi que pour m'empêcher de m'en orgueillir de la place que j'ai occupée aſſez long-tems dans votre cœur? Mais ſongez donc qu'en voulant m'humilier, vous faites dire que tout vous eſt bon, juſqu'à votre mari. Adieu, Madame; je ſuis avec la conſidération qui vous eſt due, &c.

Tu me diras, ma chere Fatime, que le ſtile de cette Lettre annonce aſſez qu'elle a

été écrite par quelque jeune
fat, quelque étourdi ; j'en
conviens ; mais malheureuſement, ſoit que les fats & les
étourdis faſſent ici le grand
nombre, ſoit qu'en effet on
commence à s'y dégoûter du
mariage, il n'eſt que trop vrai
qu'il n'y a ſortes de ridicules
que l'on ne cherche à donner
à un mari & à une femme qui
oſent ſe montrer en commu-
nauté de joie, de plaiſirs, &
de divertiſſemens. Quelles
mœurs ! quelle nation ! bon
ſoir, ma chere Fatime. Je t'envoye la fin de l'Hiſtoire du
Comte Damille.

Suite de l'Histoire du Comte Damille.

LES Parlemens sont remplis de gens de condition qui ne croyent que difficilement aux duels. D'ailleurs sa famille étoit puissante. Elle empêcha par son crédit, non seulement que son affaire ne prit une mauvaise tournure, mais même que son nom ne parut dans les poursuites & dans les informations qui furent faites uniquement pour la forme. Il étoit bien guéri de sa blessure, & se flattoit de revoir bien-tôt Paris, lorsque son oncle qui venoit d'être nommé à une Ambassade, l'emmena avec lui. Il resta quatre ou cinq ans hors de France ; à son retour il obtint l'agrément d'un Régiment.

Il alla le joindre à * * * * ; c'est une des plus riches & des plus grandes villes du Royaume. On le mena chez toutes les Dames qui y tenoient un certain rang. Quelle fut sa surprise en entrant dans une maison d'y rencontrer Mademoiselle Deran, & quelle fut celle de cette Maitresse si tendre & si fidelle, à la vue d'une ressemblance aussi parfaite avec un Amant qu'elle pleuroit encore tous les jours ! Car il n'étoit pas possible qu'elle pût se flatter que c'étoit lui - même. Elle le regardoit avec un sai-

fiffement dont il eut la dureté
de vouloir fe divertir pendant
quelques jours , avant de la
tirer d'erreur. Il affecta donc
l'air & toutes les façons d'un
homme qui voit les perfonnes
pour la premiere fois , & ne fit
qu'une vifite affez courte.

Il retourna le lendemain
chez elle de bonne heure ;
elle étoit feule , & ne fut pas
maîtreffe d'un premier mouvement d'effroi lorfqu'il entra : il s'arrêta , & feignant un
air embaraffé , Mademoifelle ,
lui dit-il , je crus hier me tromper , mais aujourd'hui je n'en
puis plus douter , ma vue vous
fait frémir ; aparemment que
fans le fçavoir , j'ai dans cette
Ville quelque ennemi qui

vous aura fait de moi le por-
trait le plus affreux ? Je vous
affure, Monfieur, lui répondit-elle, que perfonne ne m'a
parlé de vous, & que je fuis
même perfuadée qu'on ne
fçauroit en parler qu'avanta-
geufement ; mais vous reffem-
blez fi parfaitement à un jeune
homme que j'ai connu à Paris
& qui fut tué... Ah ! j'entends,
Mademoifelle , interrompit-il
d'un ton léger & en s'affeyant
auprès d'elle , vous m'avez pris
pour fon ombre ? On s'effraye-
roit à moins ; étoit - ce un A-
mant ? Les pertes de l'amour
font bien fenfibles , mais heu-
reufement elles ne font pas ir-
réparables. Elles le font, Monfieur , répliqua-t-elle , empor-

tée par sa douleur, & tâchant de retenir ses larmes, elles le font pour un cœur comme le mien. On annonça dans l'instant une visite ; il en vint ensuite d'autres, ensorte que du reste de la journée, ils ne se trouverent plus seuls.

Damille avoit été attendri, & même plus ses regards s'étoient attachés sur Mlle Deran, & plus il avoit senti renaître ses desirs. Elle n'avoit que quinze ans lorsqu'il l'avoit aimée à Paris ; elle en avoit alors vingt ; sa beauté étoit dans tout son éclat, sa taille s'étoit perfectionnée, & tous ses traits avoient achevé de se former. Il ne put revoir tant de charmes sans se rappeller vivement le bonheur dont il avoit joui ; mais en même-temps la bizarrerie de son imagination continua de lui perfuader qu'en ne fe découvtant pas, l'avanture en deviendroit bien plus agréable & bien plus piquante, & qu'il feroit très - plaifant d'être fon propre rival, de travailler à fe détruire & à fe fupplanter dans un cœur qu'il poffédoit encore, & de fe multiplier, pour ainfi dire, afin de triompher deux fois du même objet.

En conféquence de cette belle idée, il commença de mettre en ufage tout ce qui peut éblouir les yeux & flatter la vanité d'une jeune perfonne. Il étalla le fafte & la dépenfe, fit naître les plaifirs, donna des bals ; c'étoit chaque jour quelque fête nouvelle : mais ses soins, ses empresse-mens, sa magnificence, son es-prit, ses graces & sa figure, loin de produire l'effet qu'il en avoit esperé, sembloient ne servir qu'à ranimer dans l'ame fidelle & constante de Mademoiselle Deran, sa ten-dresse & ses regrets pour le malheureux Vareil, sans l'in-téresser pour le brillant Da-mille. Un jour qu'ils venoient de danser ensemble, & que tout le monde avoit paru char-mé, il s'aperçut qu'elle se cou-vroit le visage de son éventail pour cacher des larmes qui lui échappoient, & il se rappella qu'il avoit autrefois exécuté cette même danse avec elle à Paris. Il n'eut pas été plus piqué, si elle lui avoit préféré un véritable rival ; le cœur usé sur la tendresse qu'il avoit eue pour elle, il ne se soucioit plus d'en être aimé, mais il desiroit de s'en faire aimer ; il n'étoit pas flatté d'être l'objet de sa constance, il vouloit le devenir d'une infidélité.

Est-il possible, Mademoiselle, lui dit-il, que vous ne vous lasserez point de répandre des larmes, & de passer vos plus beaux jours dans l'amertume & la douleur ? Vous verrai-je toujours me préférer une ombre vaine, un rival qui n'est plus ? Cessez, cessez de vous entretenir d'idées tristes & lugubres ; recevez l'hommage d'un cœur qui vous adore ; faut-il vous dire (car que ne dirois - je pas pour vous voir fenfible à mon amour ! / faut-il vous dire qu'il femble que le ciel même s'intéreffe à mon bonheur & à vous confoler, puifqu'il vous fait retrouver en moi tous les traits de cet Amant qui vous fut fi cher. Oui , Monfieur , ce font fes mêmes traits, lui répondit-elle en foupirant ; c'eft dans l'efprit la même politeffe & le même agrément ; je retrouve en vous tout ce qui étoit en lui , mais vous n'êtes pas lui, & c'étoit à lui que j'étois attachée ; mon cœur fait entre vous deux une différence que mes yeux ne

peuvent apercevoir ; je reçois
avec reconnoiſſance toutes les
attentions que vous me mar-
quez , mais je penſe toujours
avec tendreſſe à Vareil : quand
même je flatterois votre paſſion , quand même je vous
comblerois de faveurs , votre
cœur ne pourroit jamais être
ſatisfait & tranquille; vous vous
imagineriez toujours , & avec
raiſon , que le mien ſacrifie-
roit aux traits que vous portez ,
& qu'en vous , ce ne ſeroit
point vous que j'aimerois ;
croyez-moi donc ; étouffez une
paſſion qui ne pourroit que
vous rendre malheureux, & ne
me donnez pas plus long-tems
le déplaiſir de vous voir perdre
auprès de moi des ſoins dont

toute autre fera fans doute flat-
tée.... Quoi vous voudriez,
interrompit-il, que je m'atta-
chaffe à un autre ? vous verriez
mon amour pour elle fans cha-
grin & fans jaloufie ? ah ! ç'en
eft trop ; il faut ceffer la feinte.
Alors il lui découvrit que Vareil & le Comte d'Amille n'é-
toient que le même , & par
toutes les circonftances qu'il
lui rappella , elle ne put en
douter. Elle refta affez longtems dans un filence & dans
une furprife dont il étoit diffi-
cile de démêler les divers
mouvemens ; enfin elle l'em-
braffa , & le plaifir de voir que
ce Vareil dont elle avoit tant
pleuré la cruelle deftinée, vivoit , & qu'il étoit même dans

une

une situation brillante , parut l'emporter dans ces premiers momens sur les reproches que méritoit Damille. Il étoit tard , elle le pria de se retirer. Le lendemain à son reveil , il reçut cette lettre.

Au Comte Damille.

DEPUIS l'instant où je dus croi- re vous avoir perdu pour jamais , Monsieur , je n'avois pas passé un quart-d'heure de ma vie sans pen- ser à vous. L'idée que vous m'a- viez véritablement aimée & que vous n'auriez jamais cessé de m'aimer , me rendoit inconsola- ble. Rien ne m'étoit si cher que ma douleur ; & je l'entretenois avec une sorte de plaisir qui me

I. *Partie.* K

faifoit fans doute illufion ; je la
prenois pour de l'amour , lorfque
le tems l'avoit peu à peu éteint
dans mon cœur ; car enfin, Monfieur , depuis que vous avez bien
voulu vous reffufciter , je n'y en ai
plus trouvé , & j'en juge à l'indif-
férence avec laquelle je réfléchis
fur la dureté que vous avez eue de
me laiffer pleurer fans en être attendri , un Amant qui me parloit
tous les jours , & qui auroit dû
me tirer d'inquiétude dès que fon
affaire lui arriva. Je ferai partie
quand vous recevrez cette Lettre.
Il vous féra , je crois , impoffible ,
mais certainement très-inutile de
fçavoir l'endroit où je vais me retirer pendant quelque tems. Je
fuis , Monfieur , &c.

Oh, ma foi, il seroit fort plaisant, s'écria Damille, après avoir lû cette Lettre , que cette personne qui ne m'auroit peut - être jamais donné de successeur , me croyant mort, m'en donnât un à préfent qu'elle me sçait en vie. Quelle folle ! Dans le vrai, elle n'étoit attachée qu'à je ne sçais quelle idée de passion chimérique , & je dois croire que ce n'étoient ni les graces de la figure , ni les agrémens de l'esprit qui pouvoient la déterminer , puisqu'elle m'a résisté dans un tems où je suis sans contredit beaucoup mieux que je n'étois lorsqu'elle me vit pour la premiere fois.

Il se leva ensuite , s'habilla,

badina de cette avanture avec les Officiers de son Régiment, & partit quelques jours après pour Paris.

Fin de l'Hstoire du Comte Damille.

LETTRE XIII.

Rosalide à Fatime.

JE remarque tous les jours qu'on en agit ici d'une façon assez opposée à cette politesse dont se pique tant la nation, & qu'elle regarde comme son caractere éminent & distinctif. Entrez-vous dans une maison? Vous n'êtes pas assis que l'on tâche de se débarasser de votre conversation, & que l'on vous fait entendre, en vous présentant des cartes, que ce n'est qu'à la faveur du jeu que l'on peut espérer de s'amuser avec vous,

Tu aurois cru que quand on étoit ensemble , la politesse exigeoit qu'on parût content les uns des autres , & que si on avoit le malheur de s'ennuyer , on devoit réciproquement se le cacher : point du tout ; trois personnes dans une chambre languissent, se regardent presqu'en bâillant , & semblent prêtes à s'assoupir; *ne nous viendra-t-il point un quatriéme ?* disent-elles de temps en temps ; *où est donc Monsieur un tel ?* Or souvent ce Monsieur un tel tant desiré n'a ni esprit, ni figure, ni naissance, mais il feroit quatre parties de suite ; c'est un homme d'un vrai mérite ! *Madame de . . . . vient de mourir ,* dira quelqu'un ; *comment donc ! Madame de* . . . . ! s'écrie-t-on , *il n'y a que quatre jours que j'ai joué avec elle ; elle me doit nne revan-che ; c'eſt bien dommage qu'elle ſoit morte , c'étoit une belle joueuſe.*

Si le jeu continue d'être ici la paſſion dominante des femmes , je conſeillerois aux maris d'employer les meilleurs Peintres pour donner des figures plus gracieuſes aux rois de cœur & de carreau ; j'ai peur que la race future n'ait le nez fait comme baſte , & l'encolure du valet de pique.

On prétend que moralement il eſt bon que l'on joue en France , & qu'entre dix ou douze perſonnes qui s'occupent avec des cartes , il ne ſe

fait pas dans toute une foirée
le quart des médifances que
font fouvent en moins d'une demi - heure deux ou trois dévotes qui fe rencontrent à la for-
tie du fermon ; je veux le croire ; mais il eft bien honteux à
une nation d'être obligée d'a-
vouer qu'elle a tant de maligni-
té dans l'ame, qu'il faut diftraire fon efprit fi l'on veut ralentir
un peu le cours du venin qu'il
repand, & dont il fe plaît fans
ceffe à fe nourir. En vérité plus
je vis dans tout ce monde - ci,
& plus ces belles idées que je
m'en étois formées d'abord,
changent & s'évanouiffent. A-
dieu, ma chere Fatime.

LETTRE

LETTRE XIV.

Rosalide à Fatime.

UNE femme est venue me voir cet après-midi. Nous avons parlé d'une autre avec qui elle paroît extrêmement liée. Elle est belle, m'a-t-elle dit, mais il y a déja longtems, on veut qu'elle ait beaucoup d'esprit ; j'ai le malheur de ne lui trouver que du jargon ; depuis cinq ou six mois, a-t'elle ajouté, sa vie est assez retirée ; je ne sçaurois croire, comme le prétend le public, qu'un Ecclésiastique qui a la direction de sa maison, soit cause qu'elle

I. Partie. L

fe retrouve toujours avec plaifir dans fon domeftique. Elle
achevoit à peine ces mots, que
la perfonne qu'elle déchiroit fi
cruellement , eft entrée ; eh
bon jour , ma bonne amie , lui
a dit cette perfide , en s'avan-
çant vers elle & en l'embraf-
fant ; nous parlions de vous.

Tu vas croire , ma chere Fatime , que juftement indignée
de la fauffeté & de la baffeffe
de cette femme , je lui ai fait
entendre que déformais j'évi-
terois tout commerce avec
elle ; point du tout , & fi l'on
vouloit rompre avec tous ceux
& toutes celles qui lui reffem-
blent dans ce pays-ci, le cercle
de la fociété où l'on fe renfer-
meroit, deviendroit bien étroit.

L'homme brillant, amufant, recherché, fêté, que l'on s'arrache, que l'on craint & que l'on defire, c'eft l'homme qui fçait avec une certaine élégance naturelle ou acquife, ridiculifer tout ce qu'il voit, tout ce qu'il entend, & qui d'un air indifferent & leger, efquiffant des portraits, fe couche le foir avec la douce fatisfaction d'avoir noirci cinq ou fix réputations. Voilà l'homme de la prétendue bonne compagnie, & qu'elle préfenteroit dédaigneufement à l'Allemand, à l'Anglois, à l'Efpagnol, & à toutes les nations de la terre, s'il y en avoit d'affez préfomptueufes pour vouloir difputer au génie François les

L ij

charmes & le talent supérieur de la conversation. Regardez-le, diroit-elle ; considerez ce maintien caustique, cet air fin, ce ton ricanneur , ce sourire méprisant ; pouvez-vous vous vanter d'avoir vû naître parmi vous de pareils prodiges ? Eh bien Paris en regorge. Je sens que l'humeur me gagne , peut-être trop , mais qui n'en auroit pas ! Adieu , je t'embrasse ma chere sœur.

LETTRE XV.

Rosalide à Fatime.

MAHOMET étoit peu poli, me disoit ce matin un jeune homme, il vous exclut toutes de son Paradis ; si j'avois jamais l'honneur d'être Législateur, & que j'en fisse un, je m'en exclurois plutôt moi-même que de n'y pas faire place aux Dames. Vous êtes bien honnête, lui ai-je répondu : mais croyez-moi, Monsieur, Mahomet avoit ses raisons ; il connoissoit les hommes, & voulant bâtir un Paradis absolument sensuel pour s'attirer des fectateurs , il n'avoit garde de leur laisser envisager qu'ils pourroient y retrouver leurs femmes ; nous fommes encore heureuses , ai-je ajouté , que les principes de la nouvelle philofophie ne lui ayant point été connus : il n'auroit pas manqué de dire que nous ne fommes que des machines , & tous les fideles Mufulmans , fur la parole de leur Prophéte , ne nous auroient regardées que comme des efpéces de montres bien ou mal travaillées , felon que nous nous ferions plus ou moins accordées avec leurs paffions , leurs humeurs & leurs caprices.

Pour entendre ceci , ma chere fœur , il faut que tu

sçaches que depuis cent ans,
il s'eſt élevé dans ce pays-ci
une ſecte de Philoſophes qui
ſoutiennent que les bêtes n'ont
point d'ames ; qu'elles n'ont
aucunes ſenſations ; qu'elles
ne reçoivent ni peines, ni plaiſirs, & qu'elles ne ſont enfin
que des ouvrages de la méca-
nique la plus parfaite.

Les autres principes de cette Philoſophie , ne ſont pas
moins nouveaux à l'eſprit, &
doivent même paroître très-ri-
dicules à une jolie femme
qui croit, & avec raiſon, que
ſes charmes ſont en propre à
elle, & qui n'a garde de vouloir s'en départir. Que répon-
drois-tu à un prétendu Philo-
ſophe dont tu verrois que les

L iv

raisonnemens tendroient à te prouver que tes yeux ne font pas brillans, que ta bouche n'est pas vermeille, & que ces couleurs vives & mélées qui te rendent si belle, ne font que des modifications de son ame, & qu'elle répand sur ta personne à peu près comme de la broderie sur un cannevas? Ne l'enverrois-tu pas promener avec ses visions? Après s'être emparés de l'empire qui devroit naturellement être également partagé entre les deux sexes, & nous avoir asservies à porter leurs noms, leurs armes, & à ne tenir de rang dans le monde que par eux, il ne manquoit plus aux hommes pour tâcher d'établir entierement notre assujettissement à leur égard, que de soutenir que notre beauté dépend de la façon dont se mouvent, se tournent & s'arrangent leurs ames. Parmi les Livres que je t'envoye, tu en trouveras un où toutes ces extravagances font expliquées d'une maniere si claire & si amusante, que tu le liras, je crois, avec plaisir. Ce marchand Arménien que tu m'avois recommandé, repart inceffamment pour Conftantinople ; il te remettra les deux portraits que je t'ai promis. Adieu, ma chere Fatime,

LETTRE XVI.

Fatime à Rosalide.

Y A-t il en France, ma chere Rosalide, une espece de monstres qui n'est que trop commune dans ce pays-ci ? Hier un homme vint voir mon mari. D'un cabinet à côté de l'apartement où ils étoient, j'entendis une partie de sa conversation.

,, Oui, mon cher *Ibrahim*,
,, disoit ce malheureux d'un ton
,, dogmatique & magistral,
,, l'orgueil d'être Chef de sec-
,, te, secondé de la politique, a
,, jetté les fondemens de toutes

„ les Religions. On a cru que
„ des idées de peines & de ré-
„ compenſes après la mort, ne
„ manqueroient pas d'aſſervir
„ & d'enchaîner les eſprits , &
„ l'homme qui ne ſe ſépare ja-
„ mais de l'amour de ſon être ,
„ s'eſt aiſément perſuadé qu'il
„ ſubſiſteroit encore , même
„ après le dérangement total
„ de la machine. A l'égard de
„ mes opinions , elles ſont
„ fixes à préſent ; je les ai
„ reglées au flambeau de la
„ raiſon , & je ne crains pas dé-
„ formais que les préjugés de
„ l'enfance m'empêchent d'y
„ mourir ferme & tranquille. “

Lorſque cet impie fut ſorti ,
j'apellai mon mari ; ſi quelqu'un de vos prétendus amis ,

lui demandai-je, sur quelques
vagues réflexions qu'il auroit
faites pendant la nuit, venoit
vous soutenir que vous vous
être trompé jusqu'à ce jour,
& que le Sultan n'étoit qu'un
vain phantôme dont se repais-
soit votre orgueil, & auprès
de qui votre fidélité, votre zéle, votre valeur & votre sang
répandu pour son service en
différens combats, ne pouvoient vous acquérir aucune
considération, comment rece-
vriez-vous, mon cher Ibrahim,
un pareil discours ? Fort mal,
me répondit-il. Pourquoi donc,
lui répliquai-je, avez-vous
écouté patiemment ce miséra-
ble qui vient de sortir, & qui
vouloit vous persuader qu'en

trente ou quarante ans d'ici tout sera anéanti à votre égard, & vous ôter la douceur de réflechir qu'un Etre suprême s'intéresse à vos actions & vous en donnera la récompense dans une autre vie ?

Que les hommes sont étranges, ma chere sœur ! si vous causez le moindre obstacle à leur bonheur sur la terre ; que dis-je, si votre joie n'éclate pas dès qu'il leur arrive un évenement heureux, ils vous regardent comme un envieux & un ennemi ; tandis qu'ils demeurent tranquilles aux raisonnemens d'un monstre qui tâche d'obscurcir leurs idées sur la bonté & les promesses de leur Créateur.

Il n'y a point d'impie qui, rentrant un peu en lui-même, ne foit obligé de convenir qu'il eft la plus méprifable & la plus ridicule créature de l'univers; car enfin en fe donnant des foins & des peines pour inftruire les autres, on a fans doute pour but de fe rendre agréable ou utile ; or un homme qui prêche l'irréligion peut-il efperer de plaire aux gens vertueux qu'il tâche de priver de toute efpérance fur un héritage dont ils s'étoient flattés ? & d'un autre côté , eft-il avantageux au genre humain que les fcélérats foient perfuadés qu'ils n'ont rien à craindre après la mort ?

Selon ma religion , les fem-

mes n'entrent pas en Paradis ;
ce n'eft donc point d'un cœur
intéreffé que j'aime Dieu ; mais
l'idée que je me fais de cet
Etre fuprême , me ravit fans
ceffe. Sans efpoir de récom-
penfes , je fens un plaifir fecret
à fuivre les commandemens de
celui qui peut tout. Je recher-
che en lui mon origine avec
une complaifance , pour ainfi dire , orgueilleufe. J'aurois
honte de faire la moindre action qui me dégradât aux yeux
d'un Ancêtre fi noble , fi grand,
& j'entretiens avec délices une
pureté qui ne peut qu'être
agréable à l'Etre qui en eft la
fource infinie.

Tu m'écris pour m'amufer ,

ma chere Rosalide, ce qui se
passe au milieu de ce monde
tumultueux & brillant où tu
vis. Tu me peins les mœurs,
les usages, les ridicules, &
les plaisirs d'une nation que
toutes les autres envient &
veulent connoître. Pour moi
je ne puis t'entretenir que des
méditations que je fais dans la
retraite & le silence. Ton sort
& le mien paroissent bien différens, & je ne doute pas qu'u-
ne Françoise à qui tu dis que
tu as une sœur dans ce pays-
ci, ne s'écrie aussi-tôt sur la
triste vie que je dois mener ;
elle se trompe ; le Sérail,
quand on en aime le maître &
qu'il nous chérit, n'est point

un

un esclavage , & je suis aussi
libre qu'elle , dès que je suis
accoutumée à ne pas desirer ,
& que je ne desire pas plus de
liberté que je n'en ai. Adieu ,
ma chere Rosalide.

LETTRE XVII.

Fatime à Rosalie.

J'AI un meilleur cœur que le tien , ma sœur. Quelques raisons que l'on m'aportât , on ne pourroit jamais me déterminer à penser que mon pere , mes freres , mes amis & mes parens , sont malheureux pour toujours. Je les ai vûs mourir bons musulmans. Il faudroit , si j'embrassois ta religion , que mon esprit se pretât à l'idée horrrible d'un tourment éternel où ils seroient condamnés ? Ah ! je n'aurois jamais cette dureté là. Je frémis même d'y penser ! Comment peux-tu l'avoir eue ? Leur mémoire m'est si chere, que pour m'oppofer au moindre outrage qu'on voudroit y faire, j'expoferois mille fois ma vie avec plaifir. Je lis avec attachement les paffages de l'Alcoran où la félicité des fideles eft décrire, par la part que je crois qu'ils y ont. J'étois ce matin au chapitre du Jugement.

„ Il n'y a qu'un Dieu, éter„ nel, infini, tout-puiffant &
„ tout miféricordieux, qui a
„ envoyé fon Prophéte pour
„ vous inftruire. Il n'eft point
„ Prophéte, difent les impies ;
„ il boit, il mange & marche
„ comme nous dans les rues,

,, Mais quand le jour épouven-
,, table pour eux viendra ;
,, quand le pere des temps &
,, le maître des vangeances ,
,, porté fur les aîles des tem-
,, pêtes , précédé de la fou-
,, dre & des éclairs , fuivi de
,, l'ange exterminateur , def-
,, cendra la flamme à la main ,
,, alors ils voudroient être les
,, plus petits atômes. Au fon
,, de la trompette , les Cieux
,, fe rompront de foibleffe , &
,, feront emportés comme un
,, voile que les vents furieux
,, agitent dans les airs. Le fir-
,, mament reffemblera à de
,, l'or fondu qui bouillonne.
,, Les montagnes deviendront
,, comme de la laine cardée
,, qui s'abaiffe. Le foleil , la

„ lune & les étoiles tomberont
„ dans la flamme dévorante ,
„ qui s'élancera comme une
„ mer agitée. La terre fera
„ blanche, & les corps qui for-
„ tiront de toutes parts de fon
„ fein, couvriront fa furface.

„ Les fideles qui auront été
„ fermes dans leur foi ; qui au-
„ ront protegé la veuve & l'or-
„ phelin , & foulagé les pri-
„ fonniers ; qui auront cru au
„ jour du Jugement ; qui n'au-
„ ront point connu d'autres
„ femmes que les leurs &
„ leurs efclaves ; qui n'auront
„ point fait de mal à leur pro-
„ chain , ni par leurs difcours ,
„ ni par leurs actions ; qui au-
„ ront dit la vérité en témoi-
„ gnage & effectué leurs

„ promeſſes , porteront dans
„ leur main droite le Livre où
„ feront écrites leur bonnes
„ œuvres. Ils feront aſſis ſur
„ des Thrônes d'or ; les Anges
„ iront autour d'eux , & leur
„ preſenteront la coupe de fé-
„ licité. Ils auront tous les
„ fruits qu'ils pourront ſouhai-
„ ter , & telles viandes qu'ils
„ deſireront Ils poſſederont
„ des femmes charmantes ,
„ deſtinées pour eux ſeuls, &
„ avec qui ils s'enivreront à ja-
„ mais dans des torrens de dé-
„ lices. „

Voilà le bonheur dont j'eſpere que mes freres jouiront.
Ils ont été tués en deffendant
leur patrie & leur religion ; ils
n'ont adoré qu'un ſeul Dieu ,

& n'ont point fait tort à leur prochain. Elevés par des femmes dévotes , ils ont appris l'Alcoran , & ont été accoutumés dès leur enfance à être frapés du plus profond respect au seul nom de Mahomet. Ils ont cru à ce Prophete , parce que ce Prophete scelle tout ce qu'il dit du nom du Tout-puissant. Comment auroient-ils pû le soupçonner d'être assez méchant pour tromper , dans le temps qu'il dit par tout que Dieu punit séverement ceux qui trompent ?

Mais ils n'ont pas vêcu dans la Religion Chrétienne , me diras-tu , c'est la vraie. Ils ne le croyoient pas ; jamais les principes de cette religion ne leur ont été révélés ; comment feroient-ils coupables ? Renonce-t-on aifément à des idées qui fe font, pour ainfi dire , accrues avec les fibres de notre cerveau, à moins d'avoir des preuves infaillibles qu'on étoit dans l'erreur ? Combien meurt-il ici tous les jours de perfonnes qui n'ont jamais eu de commerce avec les Chrétiens , & qui n'en ont entendu parler qu'avec mépris ? Comment voudrois-tu que ces perfonnes-là euffent rejetté les dogmes de Mahomet pour embraffer une doctrine qui ne leur fut jamais annoncée ?

Dieu eft jufte , bon & miféricordieux ; il a créé tous les hommes ,

hommes , & leur a donné la raison comme un flambeau pour les guider dans les sentiers de la justice & de l'équité ; tâchons d'y marcher sans cesse & de mériter par un cœur pur , & de bonnes œuvres , que notre foi soit éclairée , & que notre esprit sorte des ténébres , si de faux préjugés nous y ont malheureusement engagés. Je t'envoye à ce sujet une petite histoire qu'Ibrahim me lisoit il y a quelques jours , & que je viens de m'amuser à traduire en François. Tu n'y trouveras que des idées simples & naturelles sur un fond qui m'a paru intéressant. Tu connois mon goût , & tu sçais combien je fais peu de cas de tout

<table><tr><td>*I. Partie.*</td><td>N</td></tr></table>

cet étalage d'efprit qu'affec-
tent aujourd'hui la plûpart de
nos Auteurs Arabes.

HISTOIRE

De Felime & d'Abderamen.

IL y avoit plus de dix ans
que le fage Kaillaz habi-
toit l'Ifle d'Evan. Dans ce dé-
fert où jamais aucun mortel
ne s'étoit offert à fa vue ; il
paffoit les jours entiers à con-
templer la nature fous les for-
mes diverfes & infinies qu'ellé
prend fans ceffe. L'objet le
plus fimple occupoit aifément
un efprit affranchi des paffions
tumultueufes, & l'étude des

Mathématiques inépuisable en démonstrations, lui donnoit à chaque instant le plaisir de la découverte de quelque vérité. Il y vivoit de racines & de fruits excellens que la terre y produisoit sans culture.

Le vent, la pluie & le tonnere l'avoient un jour empêché de sortir de la cabane qu'il s'étoit bâtie, lorsqu'au coucher du soleil, l'orage ayant cessé, il monta sur un rocher pour en détacher quelques coquillages ; il apperçut au-dessous de lui un berceau que les vagues de la mer avoient laissé à sec ; il y courut avec cet empressement qu'inspire l'humanité. Quel fut son étonnement d'y voir

un petit garçon & une petite
fille de deux à trois ans, qui
lui tendirent les bras, & lui
fourioient comme s'ils eussent
senti leur abandon, & que dé-
sormais il alloit devenir leur
pere. Ils ne pouvoient pas en
trouver un plus tendre, & l'é-
tat de son ame en les regardant, en considérant leur beauté, leur douceur, & les inno-
centes caresses qu'ils lui faisoient, ne se peut exprimer.

Depuis ce jour, il ne sentit
plus au fond de son cœur cette
sécheresse & ce dégoût qu'inspire de temps en temps une
entiere solitude, quelque soin
que l'on prenne pour en dissi-
per l'ennui. Il lui sembloit que
la nuit venoit toujours trop

tôt , & qu'il n'avoit point encore affez vus ces enfans , quoiqu'il les eut eus toute la journée auprès de lui. C'étoit pour eux qu'il embelliffoit fon habitation ; c'étoit pour croître avec eux qu'il plantoit des arbres ; il ornoit fa cabanne de coquillages & de fleurs pour les amufer.

Si un pere au milieu du tumulte du monde , chargé de grands emplois , & fans ceffe occupé d'intérêts de gloire , d'ambition & de plaifirs , n'a point de fatisfaction plus fenfible que lorfqu'il peut fe livrer quelques inftans à fa famille ; quels fentimens ne devoit pas éprouver Kaillaz à la vue de celle que le ciel fembloit lui avoit envoyée dans un désert, privé comme il étoit depuis dix ans de toute société, & sans espoir de consolation, d'entretien & de secours que de ces deux jeunes plantes qu'il alloit tâcher de cultiver & d'élever à la vertu dans un lieu où l'exemple du vice ne détruiroit point ses leçons!

Dès qu'ils eurent la force de se servir de leurs mains, il leur apprit à se faire des habillemens avec des plumes d'oiseaux. Dans leurs discours & dans leurs moindres actions, il s'apliquoit à démêler leurs penchans & leurs inclinations, afin de pouvoir de bonne heure corriger ou seconder la nature.

Abderamen (c'étoit le nom qu'il avoit donné au garçon) étoit férieux, tendre & compatiffant; au contraire *Felime* (c'étoit la fille) avoit l'humeur vive, enjouée, & fembloit ne confiderer tout ce qui l'environnoit qu'avec une fecrette complaifance pour elle-même. Une aventure affez fimple fit connoître à Kaillaz cette difference de caractere.

Felime avoit trouvé un nid d'oifeaux. Elle l'emportoit à la cabanne, & la mere fuivoit fes petits avec des cris dont la bonté du cœur d'Abderamen interprétoit fidellement la douleur. Il pria fa fœur (c'étoit ainfi qu'il appelloit Felime) de remettre ce nid où elle l'avoit pris. Elle ne le voulut pas. Cela causoit entr'eux une petite querelle, lorsque Kaillaz les joignit.

Informé du sujet de leur dispute, " Ma fille, dit-il à
,, Felime, en gardant ces oi-
,, seaux pour vous en amuser,
,, vous suivez ce qui vous fait
,, plaisir, mais vous êtes cruelle
,, envers cette mere dont vous
,, allarmez la tendresse, & à
,, qui vous ôtez ce qui lui
,, apartient. Si un homme ve-
,, noit dans cette Isle vous arra-
,, cher des bras d'Abderamen ;
,, si cet homme violent n'étant
,, point attendri par vos lar-
,, mes, ne se laissoit conduire
,, qu'à la douceur de vous pos-
,, séder, ne le traiteriez-vous

„ pas de cruel , de barbare &
„ d'inhumain ? Ma chere Fe-
„ lime , il ne faut pas nous
„ confiderer feuls en cherchant
„ ce qui peut nous plaire ; nous
„ devons examiner fi notre fa-
„ tisfaction n'eft point nuifible
„ à celle des autres ; n'en ufons
„ avec autrui que comme nous
„ voudrions qu'on en usât avec
„ nous-même. Ce précepte fi
„ fimple eft le lien de toute
„ fociété ; la nature l'a gravé
„ dans tous les cœurs , & je
„ fuis fur que vous fentez que
„ je ne fais que vous le rap-
„ peller & le réveiller en vous.

C'étoit par de pareilles in-
ftructions , & toujours fur ce
principe qui renferme tous les
autres , qu'il conduifoit l'édu-

cation de ces enfans. Il y avoit déja près de douze ans que la fortune les lui avoit confiés, lorsqu'un accident pensa lui enlever Felime. Elle se promenoit un soir sur le rocher. Un vent impétueux l'enveloppa, & la jetta à la mer. Sa perte paroissoit inévitable. Heureusement le reflus commençoit à diminuer, & la vague qui l'avoit d'abord engloutie, la porta au loin sur le sable, & l'y laissa.

Abderamen arriva dans ce moment. Quel spectacle ! Il voit ce qu'il adore sans mouvement, les regards éteints & la paleur de la mort peinte sur le visage. Il se précipite auprès d'elle ; il l'apelle ... Felime ...

Ma chere Felime... Il la preſſe
dans ſes bras ; il colle ſa bouche ſur la ſienne ; il voudroit
pouvoir lui ſouffler ſa propre
vie. Peu à peu ſes tranſports
commencent à la ranimer ; elle
pouſſe un ſoupir, ouvre à moitié les yeux & l'embraſſe. Il la
porte à la cabanne où les ſoins
de Kaillaz acheverent de la
faire revenir , & cet accident
n'eut point de ſuites.

Mais depuis ce jour ſon
Amant la tenant dans ſes bras
& l'accablant de baiſers , revient ſans ceſſe à ſa penſée. La
nuit des ſonges ſéduiſans la ra-
viſſent. Il lui ſemble qu'un
nouveau ſang coule délicieu-
ſement dans ſes veines. Elle
s'éveille toute émue. Elle tâ-

che de se replonger dans les
erreurs d'un sommeil que l'agitation même où elles l'ont
mise, écarte de ses yeux ; elle
brule, & dès que l'aurore paroît, elle se leve & va chercher les endroits les plus som-
bres.

Sa rêverie l'avoit conduitte
près d'une grotte d'où couloit
un ruisseau dont les flots argen-
tés, après avoir serpenté quelques temps dans un petit bois,
y formoient un bassin sous un
ombrage impénétrable aux
rayons du soleil. Elle croit y
trouver un remede au feu qui
la dévore. Elle se deshabille,
& se tenant aux branches d'un
arbrisseau, elle descend & s'af-
sied dans cette onde claire &

pure. Il lui semble qu'elle est
plus tranquille. Elle cueille
des fleurs qui viennent de naître sur les bords. Elles les regarde, se regarde, les approche de ses joues, & sourit ;
quoique nouvellement éclo-
ses, elles ont moins d'éclat &
de fraîcheur. Elle les met dans
ses cheveux, & se regarde encore. Bien-tôt un soupir lui
échappe. Le premier mouvement d'une jeune personne est
pour sa beauté ; le second pour
son Amant, & elle ne desire jamais tant de le voir, que lorsqu'elle est le plus contente de
ses charmes.

Abderamen l'aimoit trop
pour être éloigné ; il l'avoit
suivie, & la tient dans ses bras

qu'elle croit encore que ce n'eſt qu'une illuſion. Confuſe, interdite, elle voudroit que la clarté des eaux ſe troublât. Elle réſiſte, ſans ſçavoir pourquoi, à des tranſports qui l'enflamment. Il la ſerre, il l'embraſſe; un nouvel effort qu'elle fait pour lui échapper, le favoriſe, & dans l'inſtant un cri perçant qu'elle jette, annonce aux échos que le vainqueur vient d'achever de s'enchaîner avec ſa conquête. Bien-tôt on n'entend plus que quelques mots ſans ſuite, & que des ſoupirs à demi étouffés par des baiſers. Egarés, confondus, ennivrés dans des torrens de délices, leurs ſens ont peine à ſuffire à l'excès de leurs plaiſirs. Sans rompre la chaîne qui les tient unis, Abderamen aubout de quelque temps, emporte Felime fur le rivage, & la terre comme l'eau fert d'autel à plus d'un facrifice.

Une douce langueur avoit fuccedé à la rapidité de leurs defirs ; leurs bras entrelaffés, & refpirant mutuellement leurs ames, ils fe mouilloient de ces larmes délicieufes que la fatisfaction la plus pure du cœur fait répandre avec tant de tendreffe fur l'objet aimé, lorfqu'une voix qu'ils crurent entendre entre les arbres, les fit s'arracher l'un à l'autre, & courir à leurs habits. J'ai craint que ce ne fut Kaillaz, dit Felime ; il ne condamneroit pas, je crois, les plaifirs que nous venons réciproquement de nous donner ; il me femble qu'ils n'ont rien de contraire au précepte qu'il nous recommande fans ceffe, de ne point faire à autrui ce que nous ne voudrions pas qu'on nous fît ; notre bonheur ne peut avoir fait tort à qui que ce foit dans la nature ; cependant je ne fçais ... mais ... je ne voudrois pas ... elle fut interrompue à ces mots par l'afpeĉt de plufieurs hommes qui les enleverent & les porterent à un vaiffeau, d'où ils perdirent bientôt l'Ifle de vue.

Que veut-on de nous, demandoit triftement Abderamen. Nous n'avons fait de mal

à

à personne. Ma sœur que de-
viendra Kaillaz , quand il ne
nous verra plus ! Il nous aimoit si tendrement ! Loin de
vous affliger, mes enfans , leur
dit celui qui paroissoit le maître du vaisseau , rendez graces
au ciel de nous avoir fait encore passer à portée de cette
Isle ; nous y abandonnâmes il
y a près de vingt-cinq ans l'impie Kaillaz , qui n'adoroit point
le même Dieu que nous , &
qui n'observoit aucun des
Commandemens de notre
sainte Religion ; il vous a
sans doute élevés dans ses malheureux principes ? Il ne nous
en a point donnés d'autres ,
répondit Abderamen , que de
ne point faire à autrui ce que

I. Partie. O

nous ne voudrions pas qu'on nous fit. Quoi, reprit ce même homme qui avoit commencé à leur parler, il ne vous a jamais entretenus de l'envoyé de Dieu, du Prophéte Mahomet, qui promet de si grandes récompenses aux fidelles qui suivront sa loi, & qui les placera après leur mort dans des lieux de délices, où la possession des plus belles femmes répandra dans leurs cœurs une félicité aussi intarissable que leurs desirs ?.... qu'il me laisse seulement Felime, dit en soupirant Abderamen, & je serai aussi heureux que lui !

Il n'y a point d'attraits plus puissans que ceux de l'innocence & de l'ingénuité ; & chaque réponse que faisoient ces jeunes amans, leur âge, leur douceur, & leur extrême beauté, tout contribuoit à les rendre intéressans. On leur ôta leur habits pour leur en donner de magnifiques. On leur expliquoit tous les jours l'Alcoran, & par les meilleurs traitemens & les promesses les plus flateuses, on tâchoit de prévenir leurs cœurs en faveur d'une croyance si nouvelle à leur esprit.

La navigation continuoit d'être heureuse, & le vent le plus favorable faisoit esperer d'arriver bien-tôt au Port, lorsqu'une nuit le vaisseau retentit tout-à-coup de cris, de gémissements, & d'un bruit affreux d'armes & d'hommes qui se battoient. Abderamen s'arrache des bras de Felime qui veut l'arrêter. Le Capitaine expirant est le premier objet qui s'offre à ses yeux ; il est lui-même frappé d'un coup qui l'étourdit & le renverse. C'étoient des Chrétiens qui avoient rompu leur chaîne, & qu'une heureuse conspiration venoit de rendre les maîtres de ceux dont ils étoient esclaves quelques momens auparavant,

Abderamen au bout de quelque tems reprend ses esprits ; il se leve ; on se jette sur lui, & l'on commençoit à le charger de fers, lorsque quelques-uns de ces Chrétiens qui fçavoient fon hiftoire, s'étant approchés & l'ayant reconnu, repréfenterent à leurs camarades qu'il n'étoit que depuis quelques jours dans le vaiffeau, où même on l'avoit amené de force, & qu'il y auroit de l'injuftice à vouloir le confondre parmi leurs ennemis. On le laiffa libre. Son premier mouvement fut de chercher Felime ; il retourne où il l'avoit laiffée ; il ne la trouve point ; il revient : Quelle vûe ! Felime percée d'un coup mortel, au milieu des morts dont le Pont eft tout couvert ! … Felime … ma fœur … que vous avoit-elle fait, barbares ! En prononçant ces mots, il tombe fans connoiffance.

Malgré les secours qu'on tâchoit de lui donner, il resta presque tout le jour dans cet état, & ce ne fut que vers le soir qu'on reconnut à quelques larmes qui couloient de ses yeux fermés, que ce long saisissement commençoit à cesser. Quels affreux instans que ceux de cet infortuné en revenant à la vie! Ses gémissemens & les efforts que faisoit son ame pour aller rejoindre celle de sa chere Felime, auroient attendri les cœurs les plus impitoyables. Elle n'est plus, s'écrioit-il, elle n'est plus! ... & je vis... & je respire encore! En proférant ces plaintes entrecoupées de mille sanglots, il se levoit à moitié du lit où on le retenoit,

il regardoit ceux qui l'environ-
noient, joignoit les mains, leur
demandoit la mort, & ne con-
cevoit pas qu'on pût être aſſez
inhumain pour la lui refuſer.

Il n'étoit pas poſſible que
d'auſſi cruelles agitations n'é-
puiſaſſent bientôt ſes forces ;
l'abbattement ſuccéda à la vio-
lence du déſeſpoir, & dans un
accablement entier de tous ſes
ſens, il ſe laiſſoit enfin aller
aux ſoins d'un Iman Chrétien
qui ne l'avoit pas quitté d'un
inſtant, & qui, ſans paroître
chercher à le conſoler, ſe con-
tentant de lui marquer la plus
grande ſenſibilité pour ſes peines, étoit peu-à-peu parvenu
à devenir, pour ainſi dire, né-
ceſſaire à ſa douleur par le

trifte plaifir que nous reffen-
tons tous à parler de nos malheurs.

Cet Infortuné lui racontoit
fes occupations , fes amufe-
mens dans l'Ifle déferte , & les
moindres circonftances de fes
amours ; il lui répétoit cent
fois les mêmes chofes, & cet
Iman fembloit toujours l'é-
couter avec le même intérêt ,
& entrer dans tous fes fentimens. Ces fortes de gens font
fouples , adroits , infinuans , &
foit par un véritable zéle , foit
par la vanité feule d'engager
les autres à penfer comme eux,
il n'y a rien qu'ils ne rifquent
& qu'ils n'entreprennent pour
étendre leur Religion. Celui-
ci trouvant un jour Abderamen

un peu plus tranquille , crut qu'il pouvoit enfin commencer à travailler à son instruction.

„ Mon enfant , lui dit-il ,
„ après la perte que vous avez
„ faite d'une personne qui dut
„ vous être si chere , chaque
„ instant de votre vie devien-
„ droit une marque d'ingrati-
„ tude envers elle , si vous
„ cherchiez jamais quelque
„ consolation sur la terre. Mais
„ il est un Etre suprême qui
„ vous a créé pour l'adorer
„ & le servir. Peut-être ne
„ vous a-t il frappé que pour
„ vous appeller à lui. Il est ja-
„ loux de notre cœur qu'il
„ veut seul occuper. Remplis-
„ sez-vous des mysteres de sa
„ grandeur infinie & de sa bon-

,, té ; pénetrez votre ame de la
,, sainteté de sa Loi que je
,, vous expliquerai, & quand
,, ce corps terreftre fe détruira,
,, l'efprit qui eft en vous, &
,, qui ne meurt point, ira jouir
,, d'un bonheur.... Je rever-
,, rois Felime ? lui demande
,, avec tranfport ce malheu-
,, reux Amant. Vous ne vous
,, faites encore, reprit l'Iman,
,, des idées de félicité que fe-
,, lon vos fens, & comme ces
,, groffiers Mufulmans avec
,, qui vous avez vêcu pendant
,, quelque tems. Quel eût été
,, votre fort (je frémis quand
,, j'y penfe !) fi vous aviez péri
,, dans la confufion de cette
,, nuit où pour recouvrer notre
,, liberté, nous fûmes obligés

,, de dévouer à la mort la plû-
,, part de ces infideles ! Vous gé-
,, miriez à préfent, & à jamais,
,, avec eux, dans le féjour des
,, vengeances céleftes, & dans
,, les profonds abîmes du défef-
,, poir & de la douleur. Car en-
,, fin, mon enfant, tous ceux qui
,, meurent fans avoir été initiés
,, aux graces de la vraie Reli-
,, gion, & de la feule que
,, Dieu ait révelée aux hom-
,, mes, font précipités dans des
,, tourmens éternels.... Moi,
,, interrompit vivement Abde-
,, ramen, j'aurois été précipi-
,, té.... Mais que dis-je, felon
,, vous, Felime feroit donc....
,, Vous me faites frémir ! Quoi,
,, ce Dieu dont le nom feul
,, m'infpire une idée fi fublime

,, au milieu même des téné-
,, bres de ma raison qui le cher-
,, che, ce Créateur, ce pere
,, de l'Univers & de tous les
,, Etres, auroit porté Felime
,, dans une Isle déserte où on
,, ne l'éclaire point ; il l'auroit
,, conduite au milieu des Mu-
,, sulmans qu'il réprouve, pour
,, la punir après sa mort de n'a-
,, voir pas eu l'occasion de s'in-
,, struire du seul culte qu'il
,, avoue ! Felime dont la bou-
,, che ne déguisa jamais la vé-
,, rité, & dont le cœur ignora
,, toujours l'artifice, Felime,
,, auroit été condamnée, même
,, avant que de naître, dans la
,, volonté d'un Dieu, qu'elle
,, auroit adoré avec une ame
,, mille fois plus pure que la

„ vôtre, si elle avoit pû le con-
„ noître ! Allez, laissez-moi,
„ je ne vous regarde qu'avec
„ horreur. „ Il s'éloigne à ces
mots de ce Chrétien,& prit dès
ce moment la résolution de
profiter de la premiere occasion qui se présenteroit de quitter le vaisseau, & de fuir des
hommes assez barbares pour
n'être pas contens d'avoir oc-
casionné la mort de sa chere
Felime, & pour vouloir encore qu'elle fût malheureuse
au-delà du trépas.

Le hasard favorisa bientôt
son dessein. On fut obligé d'a-
border pour quelques provi-
sions dont on commençoit à
manquer. Il prit un javelot,
un arc & des fleches, en

marquant qu’il feroit bien-aife de chaffer. Lorfqu’il fut à terre, il s’éloigna infenfiblement, & fe jetta dans une forêt dont l’épaiffeur lui parut une sûre retraite.

Il n’y avoit pas fait une lieue, qu’il apperçut un homme affailli par deux fangliers d’une grandeur énorme. Ses forces paroiffoient épuifées par une longue défenfe, au lieu que leur fang, que fes fiers animaux voyoient couler, les rendoit encore plus furieux.

Abderamen ne balance pas un inftant, il court où l’humanité l’appelle, & fond avec tant de courage & de bonheur fur ces efpeces de mon-

ftres , qu'il les fait bientôt
tomber fous fes coups. Géné-
reux étranger , lui dit celui
qu'il venoit de délivrer d'un
danger fi preffant , je n'en pouvois plus, j'allois fuccomber ,
ma mort étoit certaine , fi le
Ciel ne vous avoit pas envoyé
à mon fecours ; après avoir
échappé tant de fois à tous les
hazards de la guerre , l'ardeur
de la chaffe m'a expofé à pé-
rir ici fans gloire : Venez , fui-
vez-moi dans des lieux où je
tâcherai que les effets de ma
reconnoiffance vous faffent regarder ce moment-ci comme
un des plus heureux de votre
vie.

Accablé de malheurs , in-
connu & fans Patrie dans tout

l'Univers, je suis prêt à vous sui-
vre, répondit Abderamen ; mais
vous ne me devez rien , & je
n'ai fait pour vous que ce
que vous auriez fait pour
moi , si vous m'aviez vû dans
le même péril.

Il achevoit à peine ces mots
qu'il vit venir plusieurs Chas-
seurs , & il ne tarda pas à connoître que c'étoit au Roi de
Serendib qu'il avoit sauvé la
vie. Ce Prince présenta son
Libérateur à sa Cour , qui
grossissoit à mesure qu'on approchoit de la ville. Il donna
ses ordres pour qu'on le lo-
geât dans son palais , & prit
de jour en jour tant d'amitié
pour lui , qu'il sembloit ne
goûter plus de vraie douceur

que dans fon entretien. A l'ouverture de la Campagne, il le nomma pour commander un Corps de Troupes d'élite, & il eut à s'aplaudir de fon choix. Abderamen, dans un combat, chargea fi à propos les ennemis, qu'il ramena dans fon parti la victoire qui commençoit à fe déclarer pour eux, & ce ne fut pas la feule occafion où fa valeur, toujours guidée par un fens froid qui lui donnoit le coup d'œil le plus sûr, décida des fuccès.

Les plus grands hommes ne doivent fouvent les qualités brillantes dont ils nous éblouiffent, qu'à l'ambition de s'élever & de faire parler d'eux. En pratiquant les vertus, ce n'eſt point au fond du cœur la vertu même qu'ils ont pour objet. Ils ſacrifient à l'amour propre , à la renommée , au deſir de rendre leur nom fameux , & l'on peut dire que l'orgueil eſt l'artiſan de leur mérité. Il n'en étoit pas ainſi d'Abderamen; la ſimple & droite nature dirigeoit toutes ſes actions ; il ſoulageoit les ſoldats, viſitoit les bleſſés , s'informoit de leurs beſoins , ſe privoit pour leur donner, & s'étonnoit des louanges que lui attiroit une pareille conduite. Quel eſt donc , diſoit-il en lui-même , le caractere de ces gens-ci ? Puis-je me diſpenſer de faire pour eux ce que je voudrois qu'ils fiſſent pour moi, si je me trouvois dans leur situation ?

Ses services, la justesse, la pénétration de son esprit, & la candeur & la vérité de son caractere, augmenterent la confiance du Roi au point que ce Prince voulut concerter avec lui les projets de la Campagne suivante, & les moyens de la soutenir. ,, Mon cher Abdera-
,, men, lui dit-il, toutes ces
,, Puissances qui se sont liguées
,, contre moi, n'ont fait jusqu'a-
,, présent que de vains efforts;
,, le ciel a toujours favorisé
,, mes armes; mais mon peu-
,, ple est accablé d'impôts; le
,, commerce languit;mes meil-
,, leurs Officiers ont été tués,
,, & ceux que les hazards de

,, la guerre ont épargnés, gé-
,, missent sans récompenses
,, après s'étre ruinés à mon
,, service ; je suis dévoré d'in-
,, quiétudes & de chagrins dans
,, le sein même de la victoire.

,, Sire, répondit Abderamen,
,, mon zele & mon attache-
,, ment pour Votre Majesté,
,, m'inspirent quelques idées
,, que je vais soumettre à ses
,, lumieres , puisqu'elle m'or-
,, donne de parler. Depuis que
,, j'ai l'honneur d'être sous sa
,, protection, je me suis instruit
,, exactement des loix, des ri-
,, chesses, & de ce qui con-
,, cerne les différens corps de
,, l'Etat. Vous avez dans vo-
,, tre Royaume des milliers
,, de Faquirs, de Bonzes, de

,,Derviches & de Calenders,
,, qui poſſedent des fonds con-
,, ſidérables , ou qui ont des
,, revenus aſſurés dans les cha-
,, rités qu'on leur fait. Sans
,, inquiétude & ſans travail ,
,, ils jouiſſent abondamment
,, de tout ce qui eſt néceſ-
,, ſaire à l'homme,& c'eſt d'eux
,, qu'on peut dire que la terre ,
,, ſans qu'ils la cultivent , pré-
,, vient les beſoins. Ils n'ont
,, d'autres peines que celles
,, qui ſont attachées à l'eſ-
,, prit de curioſité , d'avari-
,, rice , de cabale & d'intri-
,, gue , qui les agite ſans ceſſe.
,, Ils s'inſinuent dans les fa-
,, milles pour en pénétrer les
,, ſecrets , & dominer enſuite
,, impérieuſement ſur ceux

,, qu'une confiance trop aveu-
,, gle a mis dans le cas de les
,, craindre. Ils y fomentent l'ai-
,, greur, la haine & la défu-
,, nion, pour s'attirer des legs
,, au préjudice des légitimes
,, héritiers. Ils careffent, & dé-
,, goûtent de la maifon pater-
,, nelle les enfans de ce bour-
,, geois riche, que leur pere
,, veut obliger de s'attacher
,, à une profeffion qui leur
,, repugne. Le fils de cet arti-
,, fan, qui voit que fes parens
,, en travaillant fans relâche,
,, ne gagnent au plus que de
,, quoi nourrir leur famille,
,, afpire à un genre de vie
,, qui l'éleve en quelque for-
,, te, où il ne manquera de
,, rien, & où il ne fera quef-

,, tion que de s'habituer à pro-
,, noncer tous les jours deux
,, ou trois mille mots. C'est
,, ainsi que vous perdez, Sire,
,, tous les ans cinq ou six mille
,, sujets, qui auroient été de
,, bons laboureurs, de bons
,, matelots, de braves sol-
,, dats, ou d'habiles négo-
,, cians, si les Derviches en
,, fréquentant dans les mai-
,, sons, n'eussent pas, par leurs
,, insinuations, leurs caresses &
,, leur exemple, étouffé en eux
,, dès l'enfance le goût du tra-
,, vail & de toute honnête in-
,, dustrie...... Eh comment
,, remédier à cet abus, inter-
,, rompit le Roi ? En défen-
,, dant, Sire, répliqua Abde-
,, ramen, à tous Faquirs, Bon-

,, zes , Derviches & Calen-
,, ders de votre Royaume de
,, recevoir qui que ce soit par-
,, mi eux qui n'ai exercé aupa-
,, ravant pendant dix ans quel-
,, que art , ou quelque mé-
,, tier.   Votre nobleſſe vous
,, ſert & ſe fait un point d'hon-
,, neur de vous ſervir avec at-
,, tachement ; mettez-vous en
,, état de donner des récom-
,, penſes à un noble qui a
,, vieilli dans vos armées , &
,, faites - lui du moins goûter
,, ſur la fin de ſes jours cette
,, honnête abondance dont a
,, jouï toute ſa vie, un inutile ,
,, un vil , un mépriſable Bonze.
,, Otez à ce Militaire qui
,, court ſe ſacrifier pour la pa-
,, trie , toute inquiétude ſur
,, le

„ le fort de fa femme & de
„ fes enfans ; qu'il foit sûr ,
„ s'il eft tué , que vous leur
„ affignerez des penfions fur
„ les immenfes revenus des
„ Derviches. Permettez aux
„ defcendans de tant d'illuftres
„ Maifons, de revendiquer les
„ biens confidérables qui en
„ font fortis par des legs en
„ faveur des Calenders ; réu-
„ niffez à votre Domaine ces
„ donations que les fiecles d'i-
„ gnorance. . . . .

*(Il manque ici quelques lignes
qu'on n'a pû traduire, le Manuf-
crit étant effacé dans cet endroit.)*

Le Roi communiqua ces
projets à fon Confeil , & l'in-
tention où il étoit de les faire
I. Partie. Q

exécuter ; malheureufement le lendemain on le trouva mort dans fon lit, & Abderamen, en fe retirant le foir au Palais, fut affaffiné par des gens inconnus.

Fin de la premiere Partie.

www.ingramcontent.com/pod-product-compliance
Ingram Content Group UK Ltd.
Pitfield, Milton Keynes, MK11 3LW, UK
UKHW021637170726
13836UKWH00005B/2235